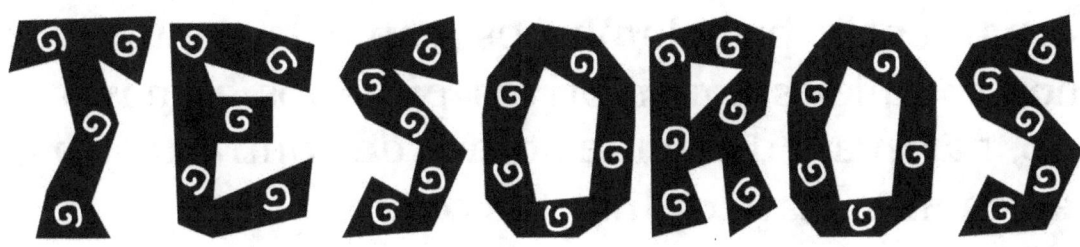

LIBRO PARA COLOREAR DE ARTE PRECOLOMBINO

Illustrated by Jorge Lulić

Consejos para colorear :

- Cuando se trata de colorear, utiliza todo el espacio que tienes para llenar la página con los colores que más te gusten. Para las hojas, tallos y ramas, prueba diferentes tonos de verde, amarillo, azul y marrón para darle más profundidad a las ilustraciones.

- Los ornamentos precolombinos, como la cerámica, tenían diseños complejos con motivos pintados a mano en rojo, dorado, naranja y diferentes tonos de contraste, así que ten esto en cuenta cuando elijas tus colores.

- Utiliza lápices o rotuladores (marcador o plumón) y siempre prueba en un papel separadamente antes de empezar a colorear.

- Recuerda que la tinta de los rotuladores podría transferirse, para evitar esto pones un papel detrás de la página que vas a colorear para proteger la siguiente ilustración.

- Los lápices de colores son ideales para mezclar colores y muy buenos para los detalles finos. Si te gusta usar lápices, compra la mayor selección de colores y la mejor marca posible y mantenlos bien afilados.

- Por último: ¡Estudia la página cuidadosamente antes de empezar, ralentiza, toma tu tiempo, y disfruta el proceso de coloración, y mira como tus ilustraciones comienzan a cobrar vida!

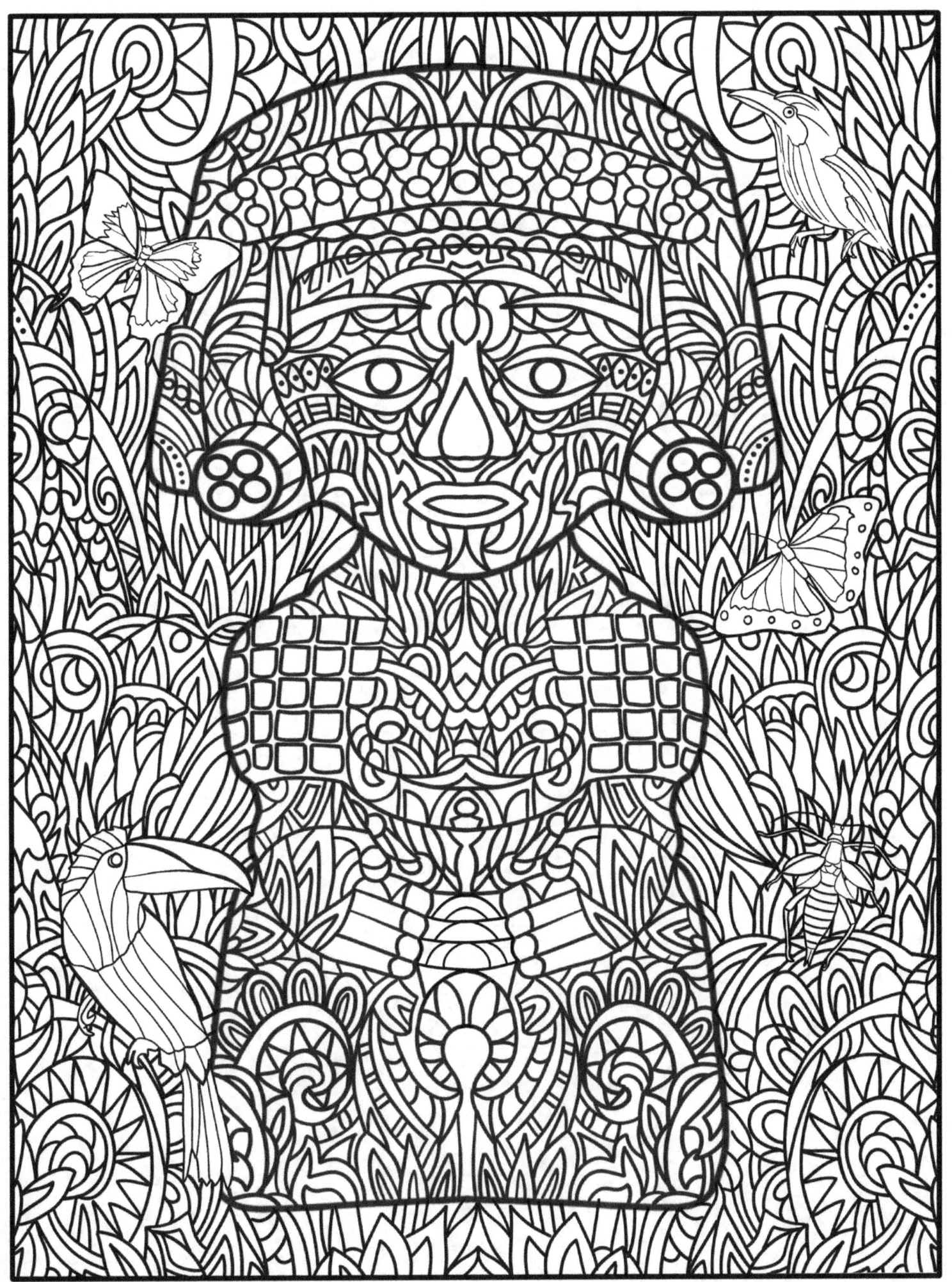

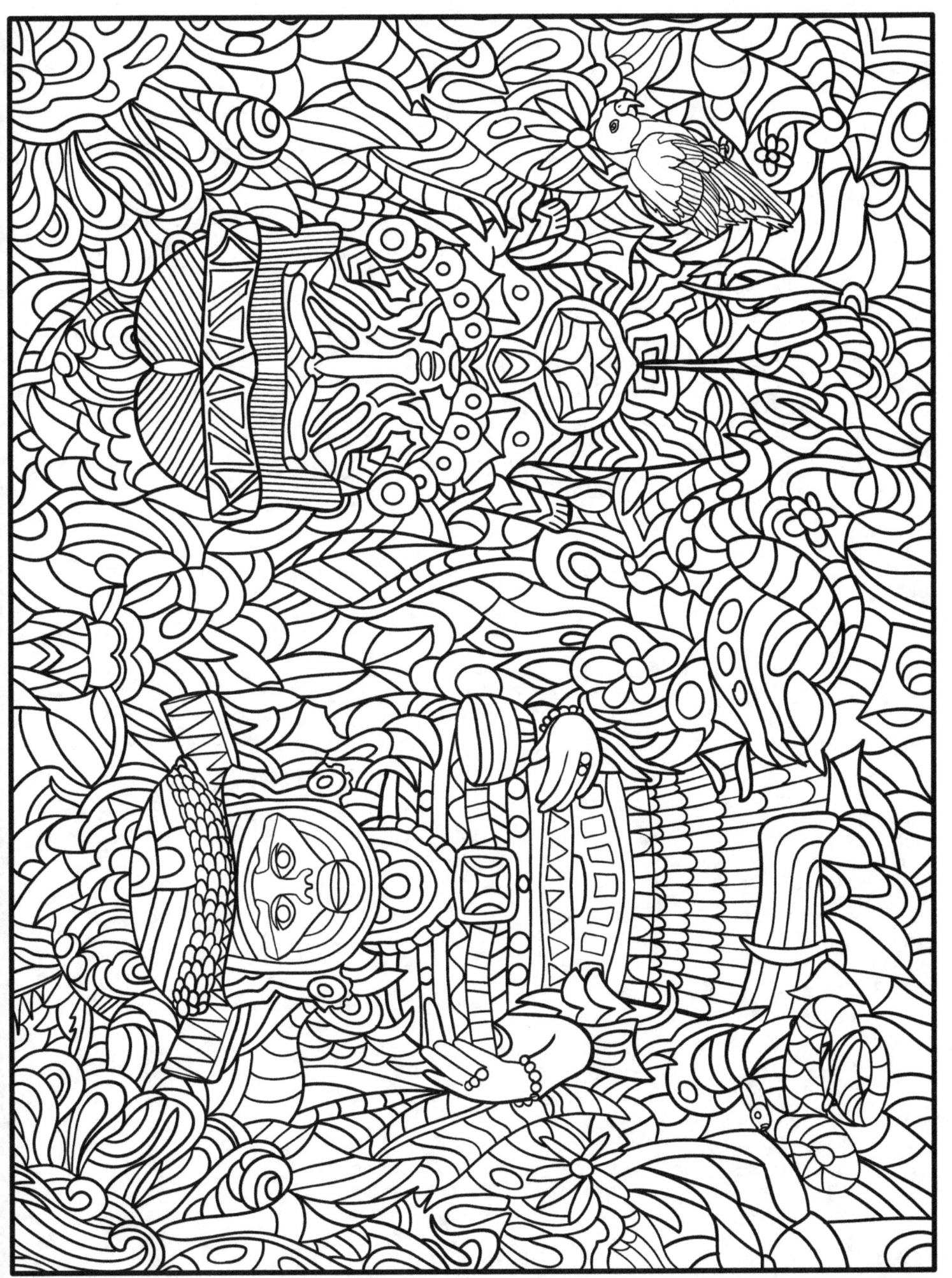

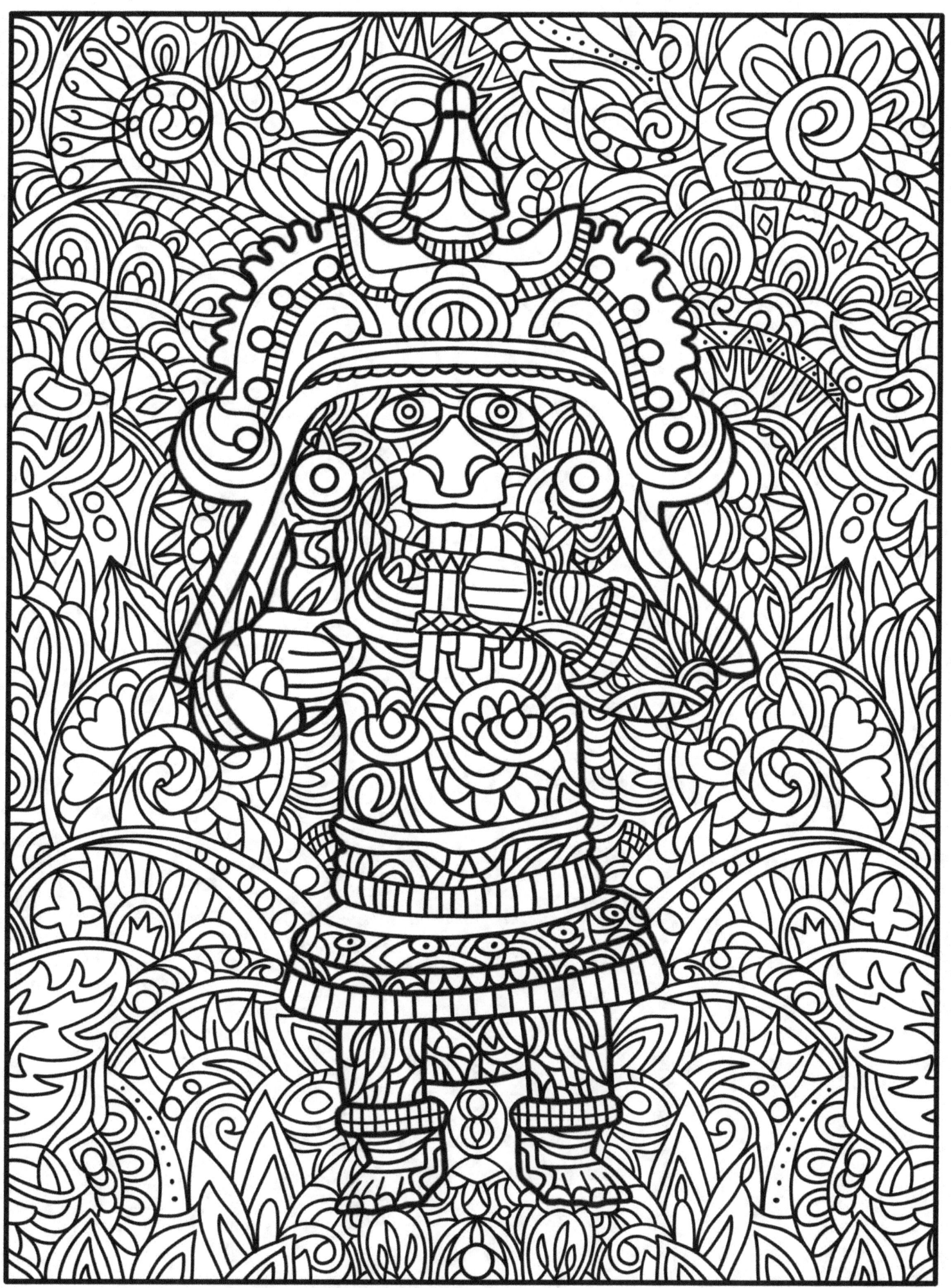

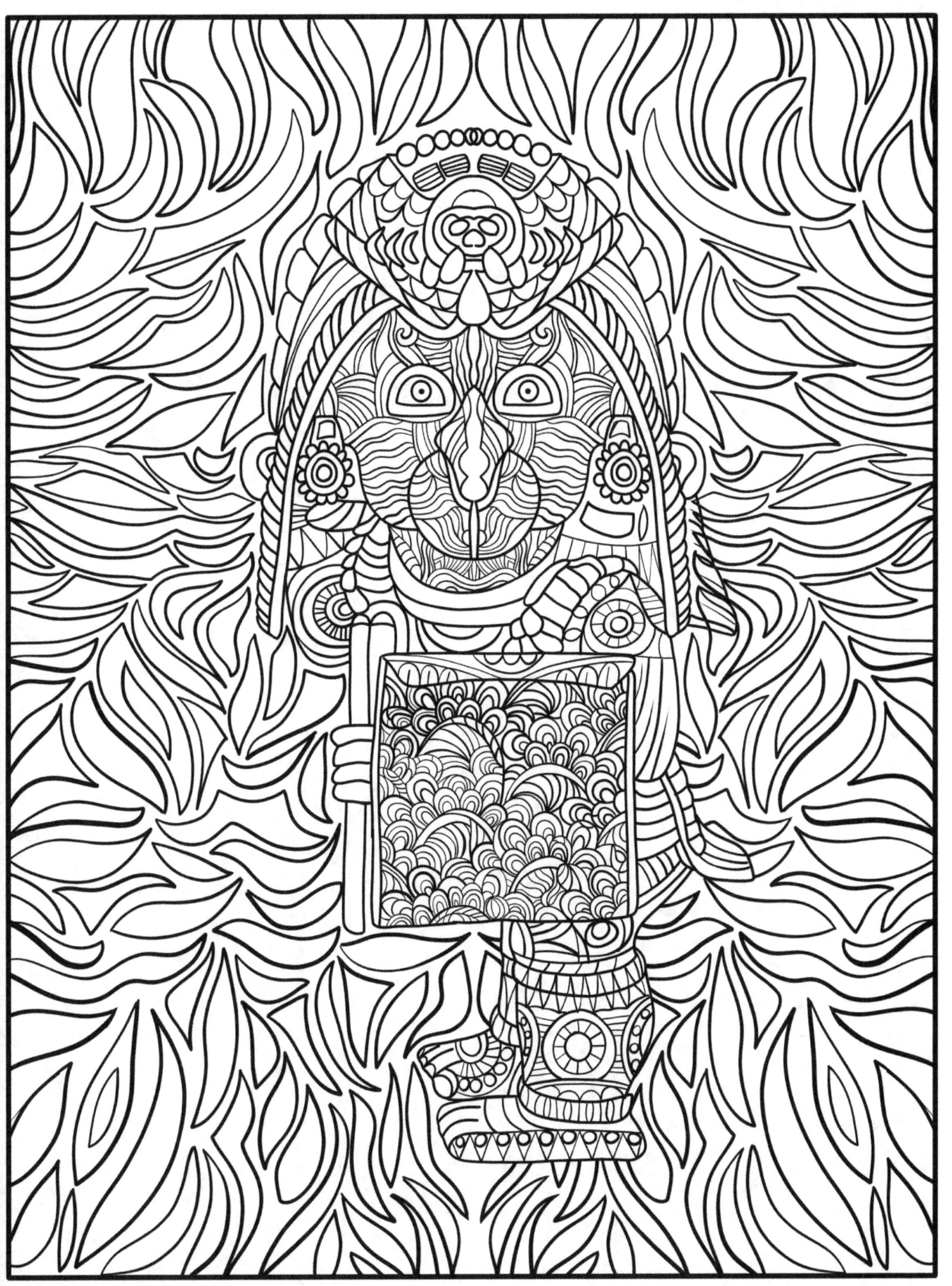

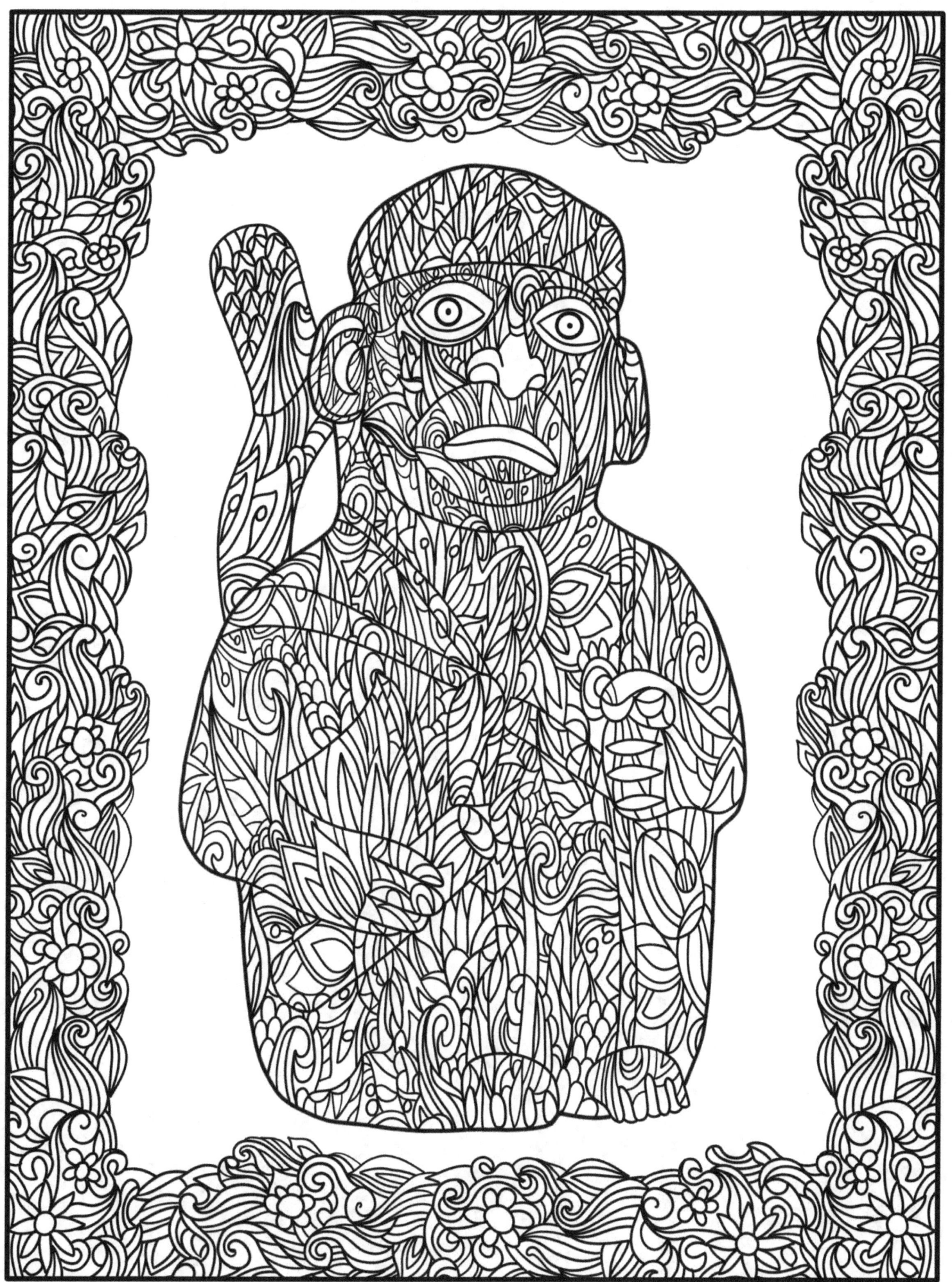

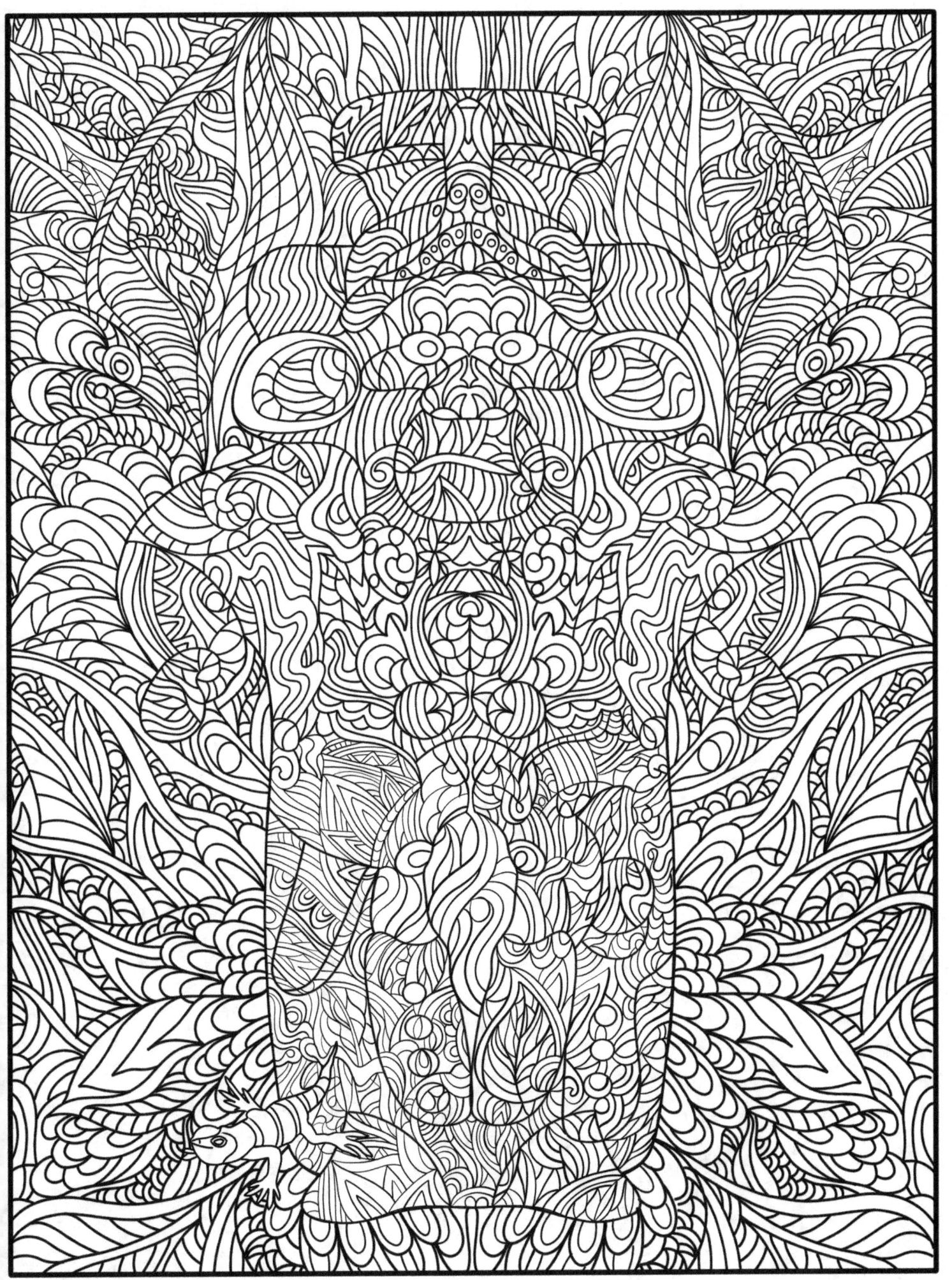

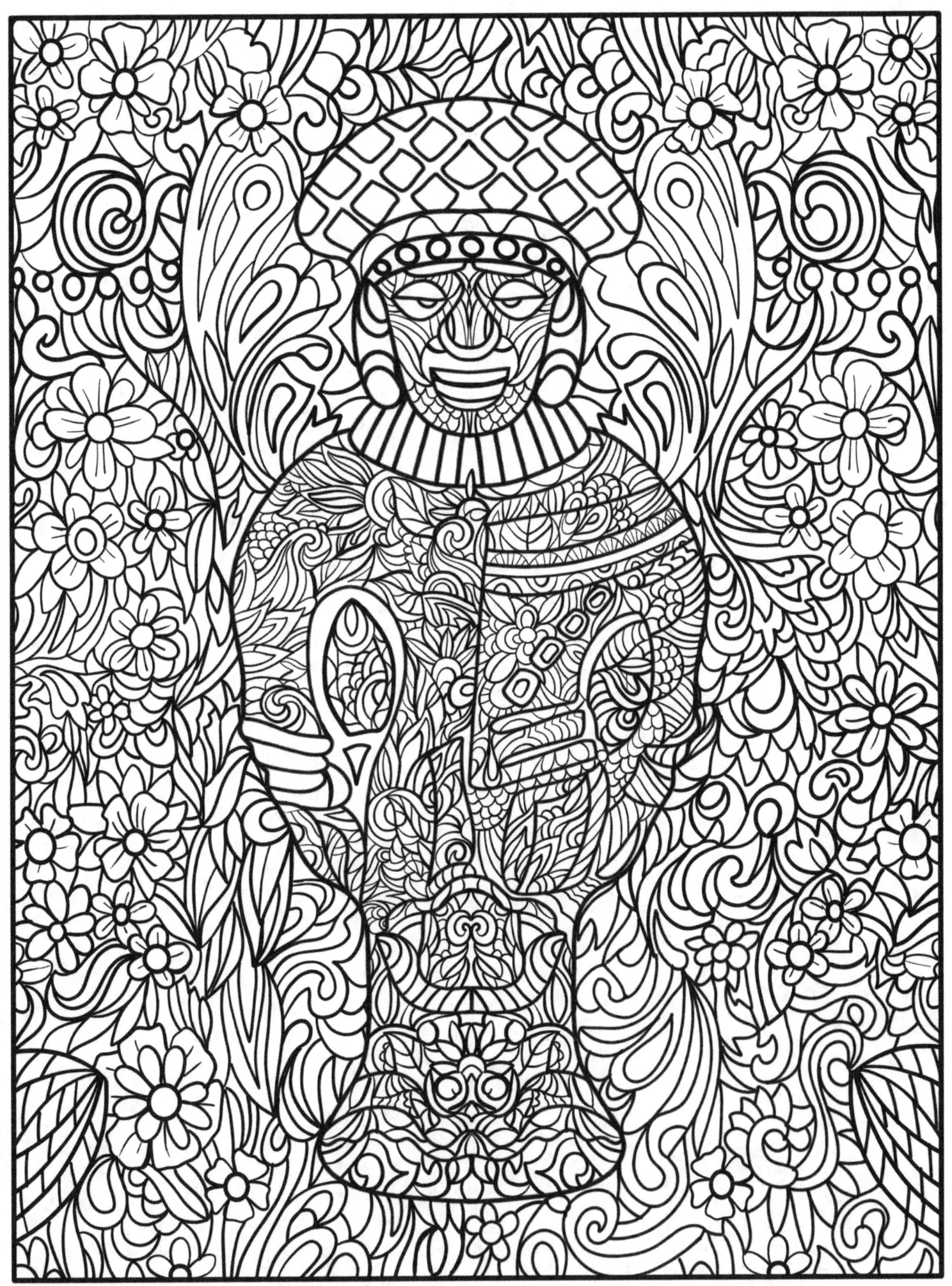

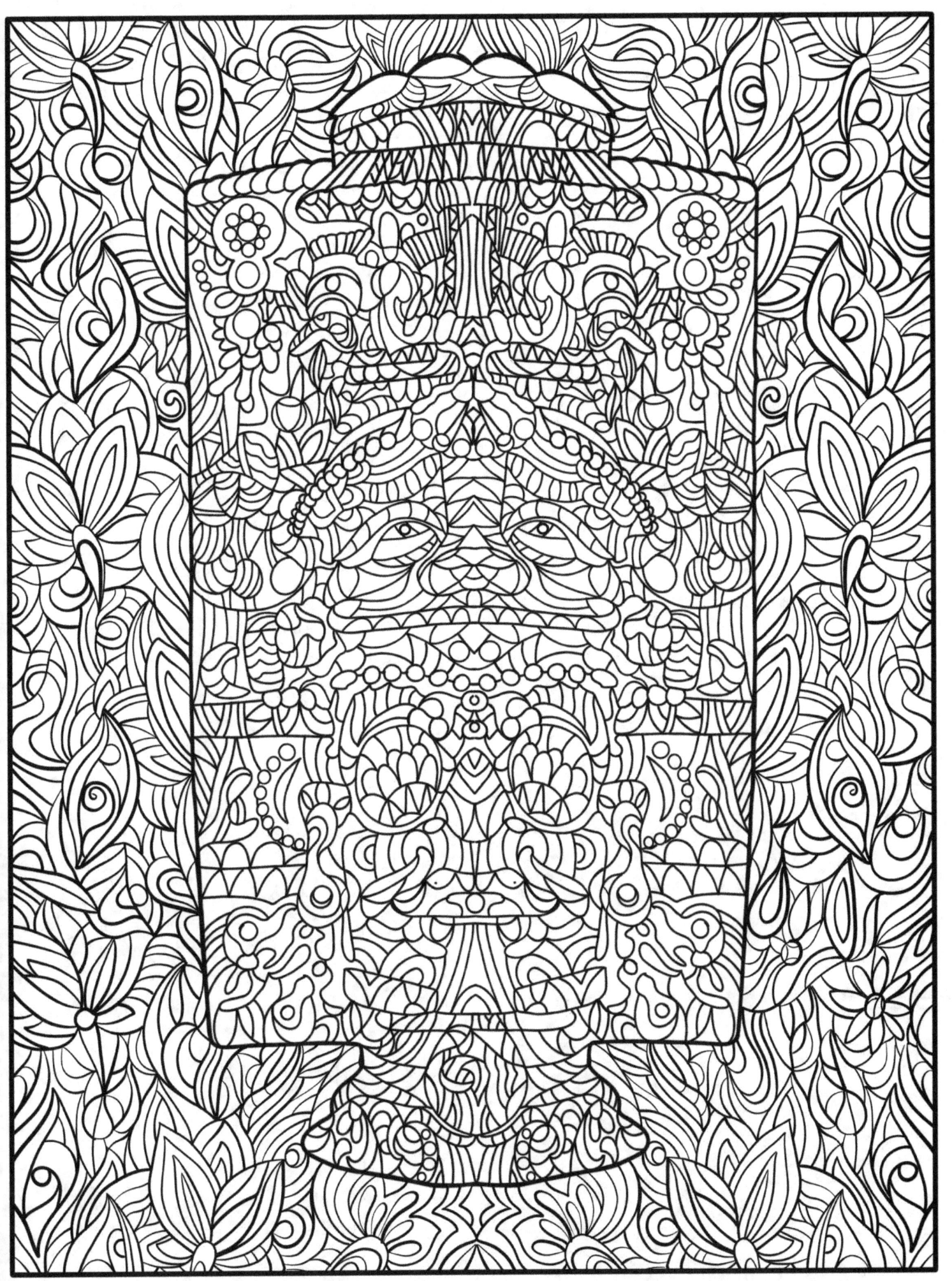

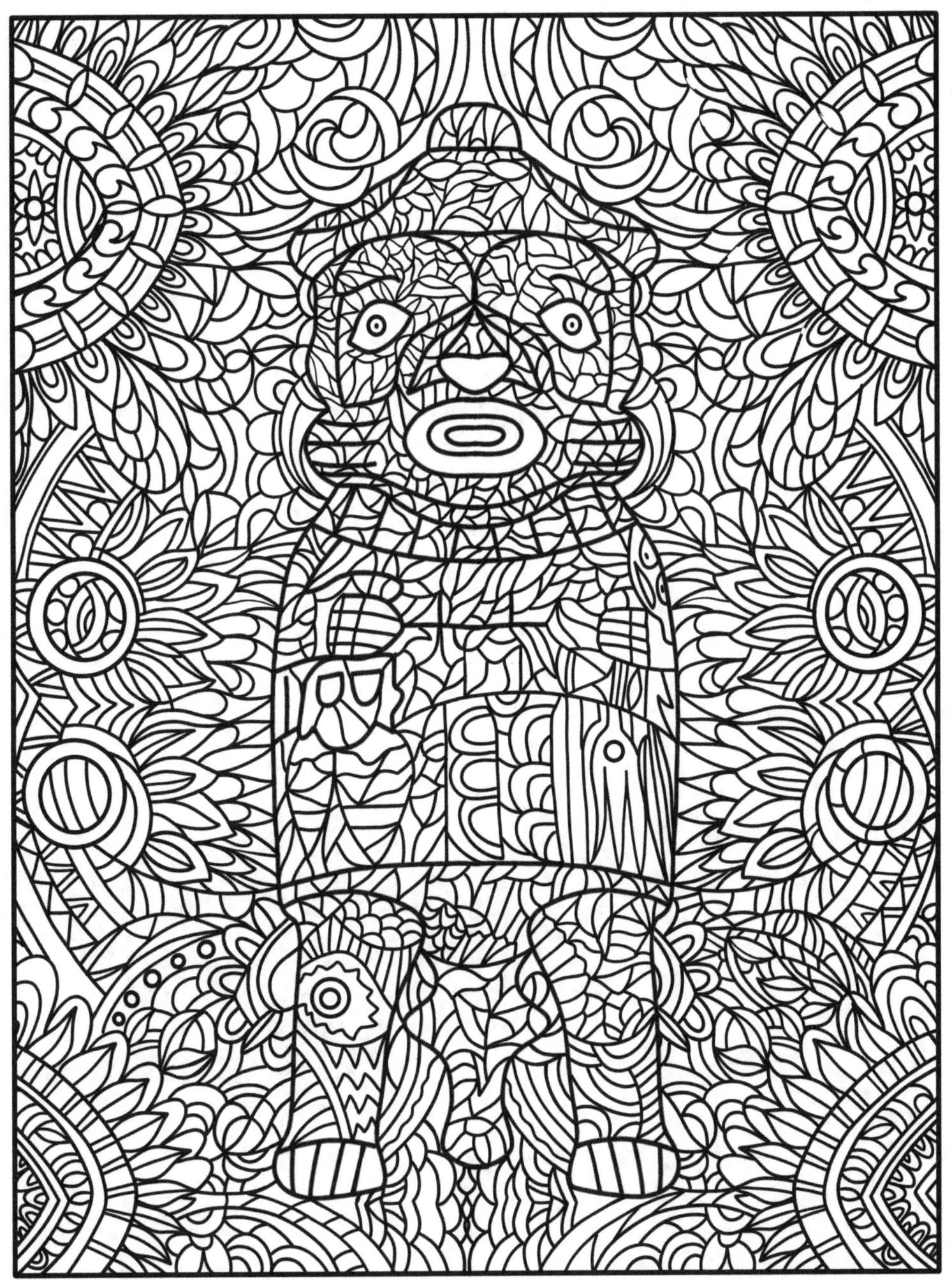

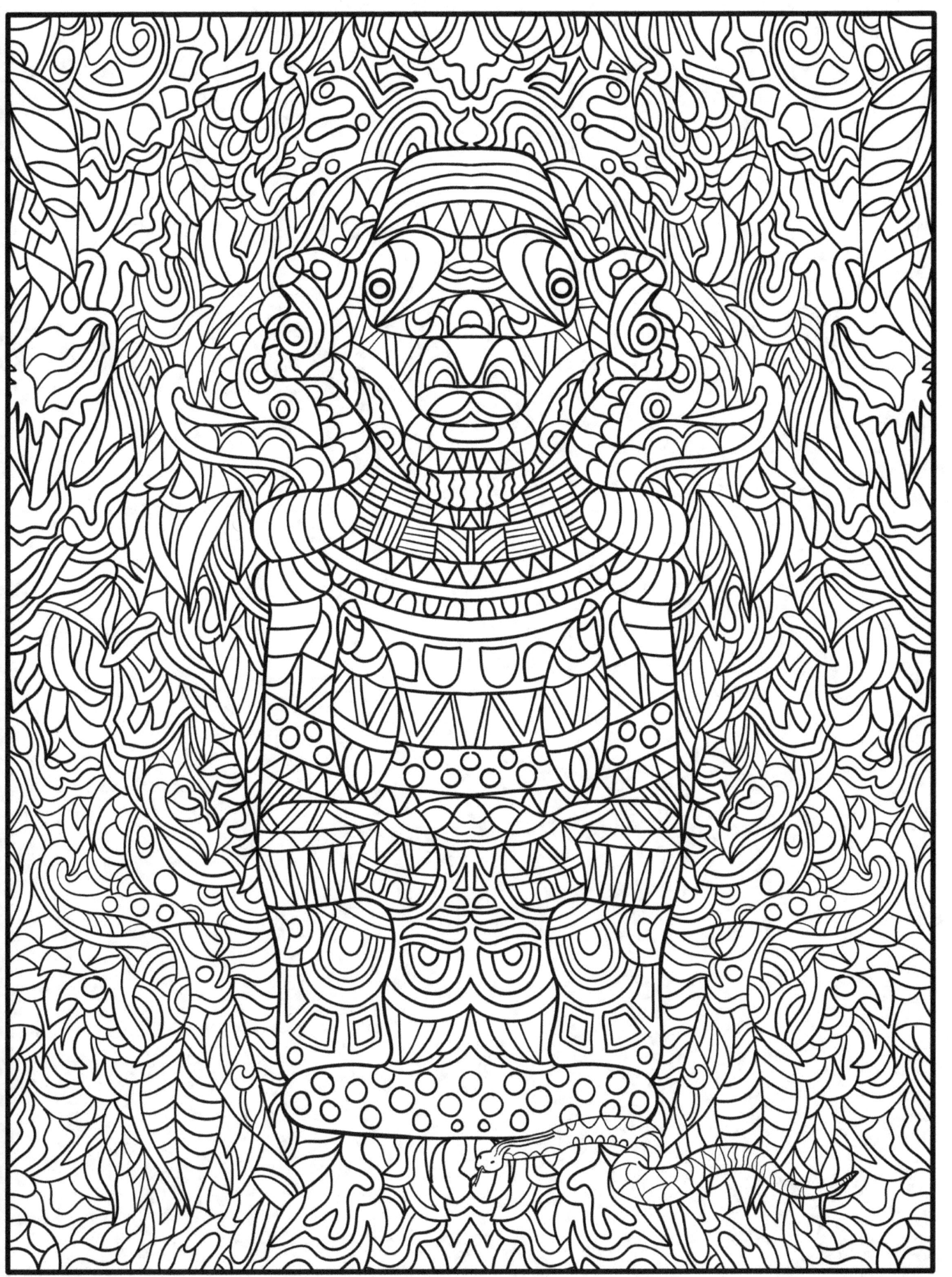

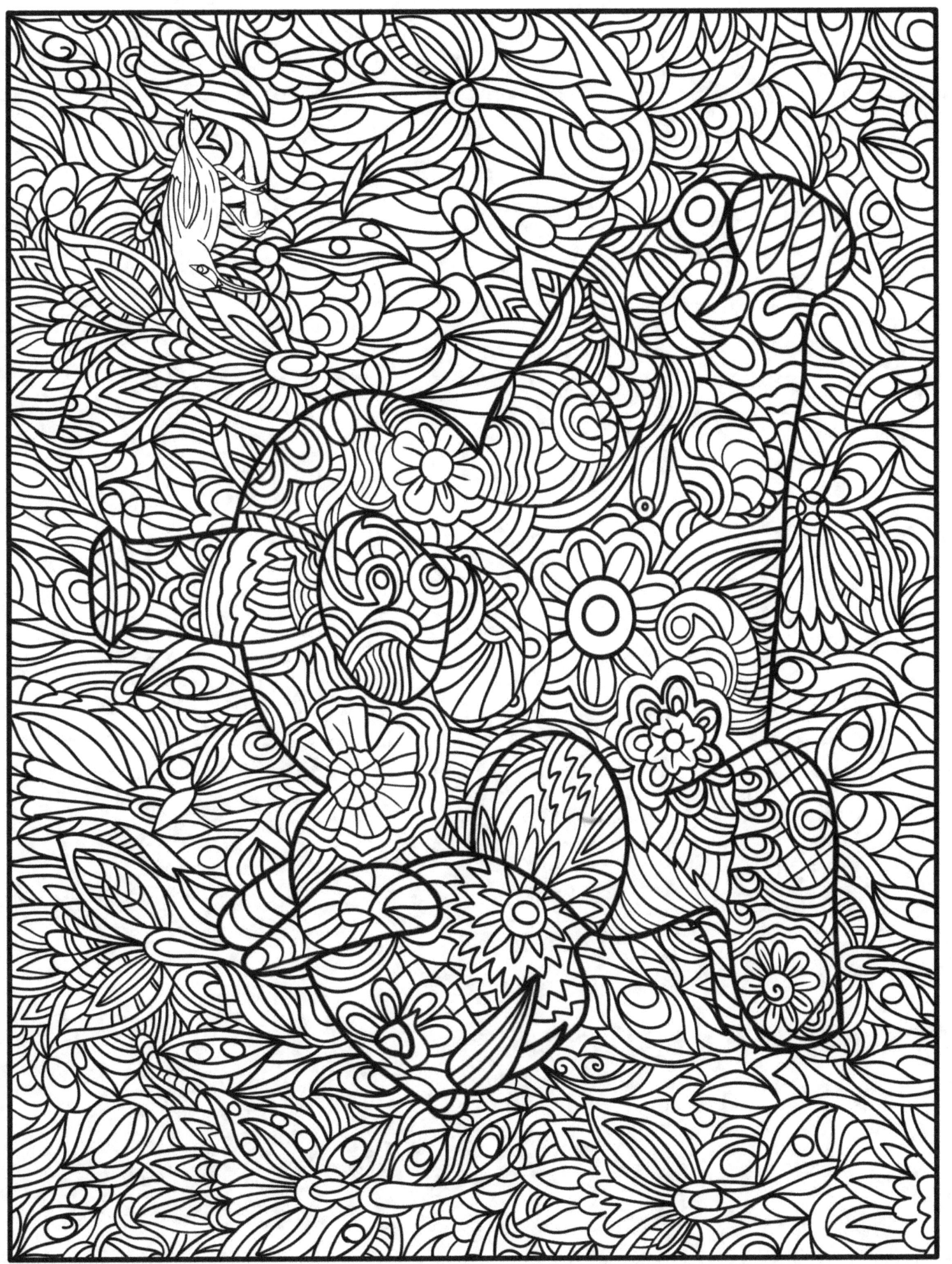

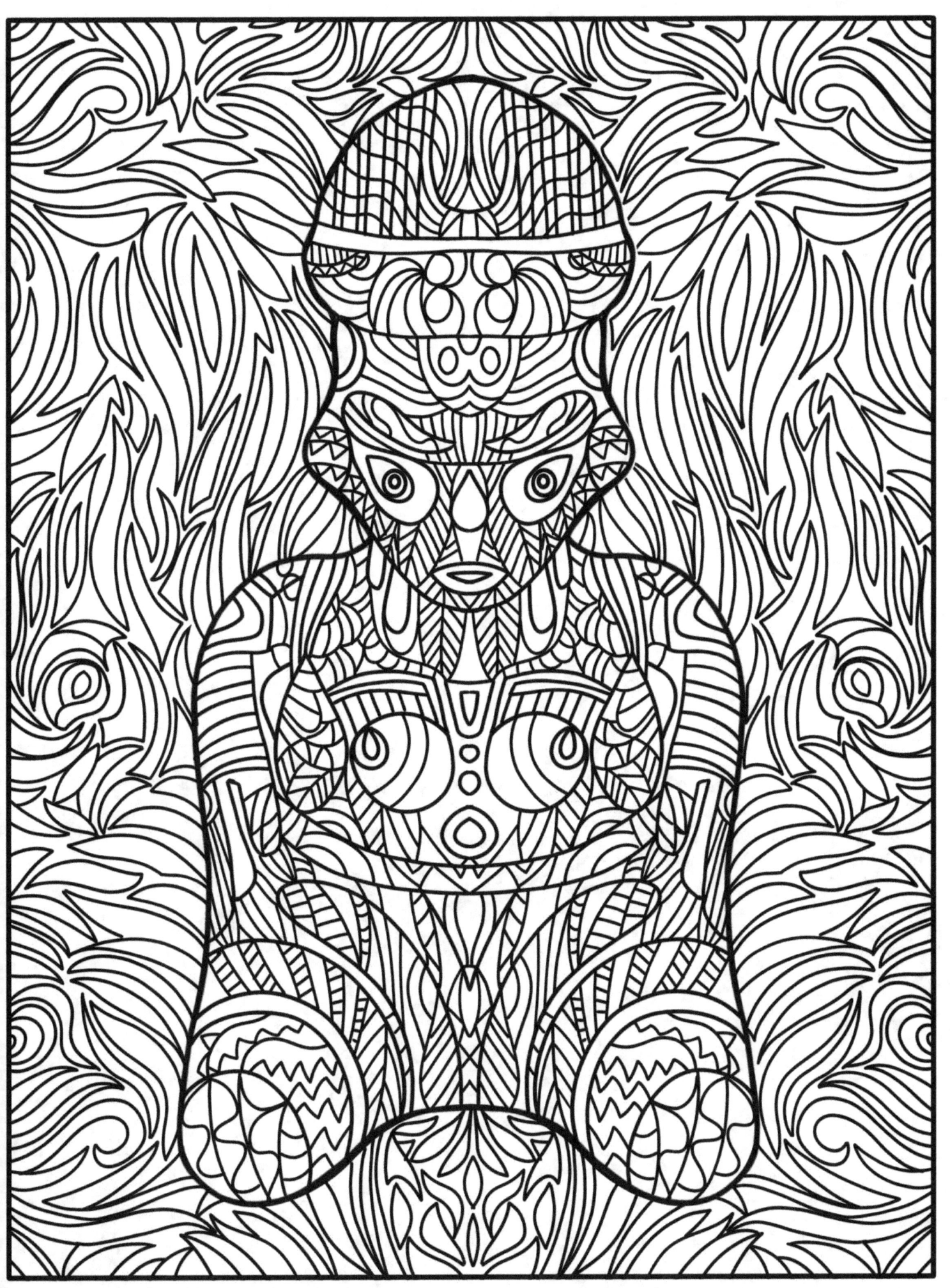

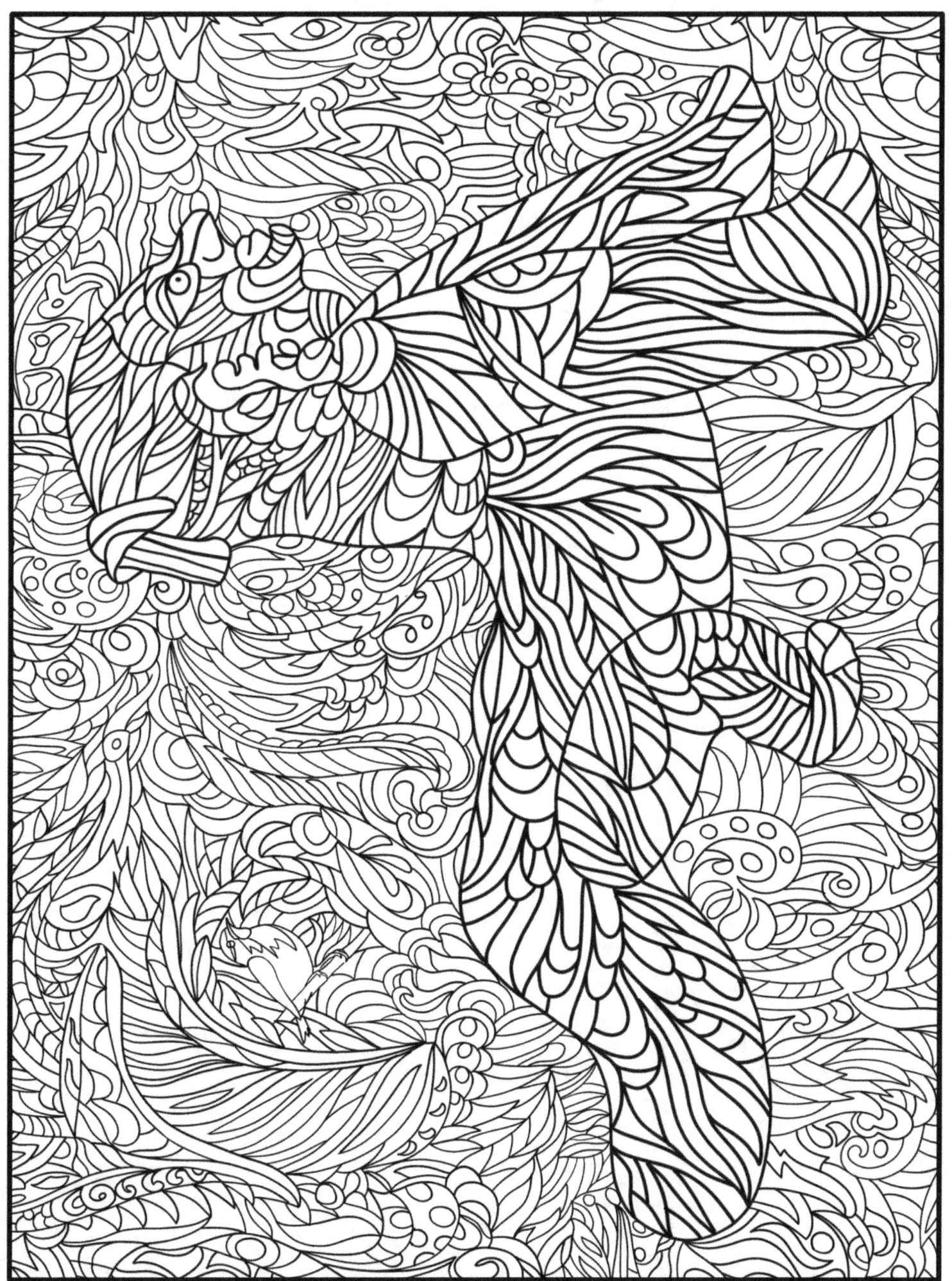

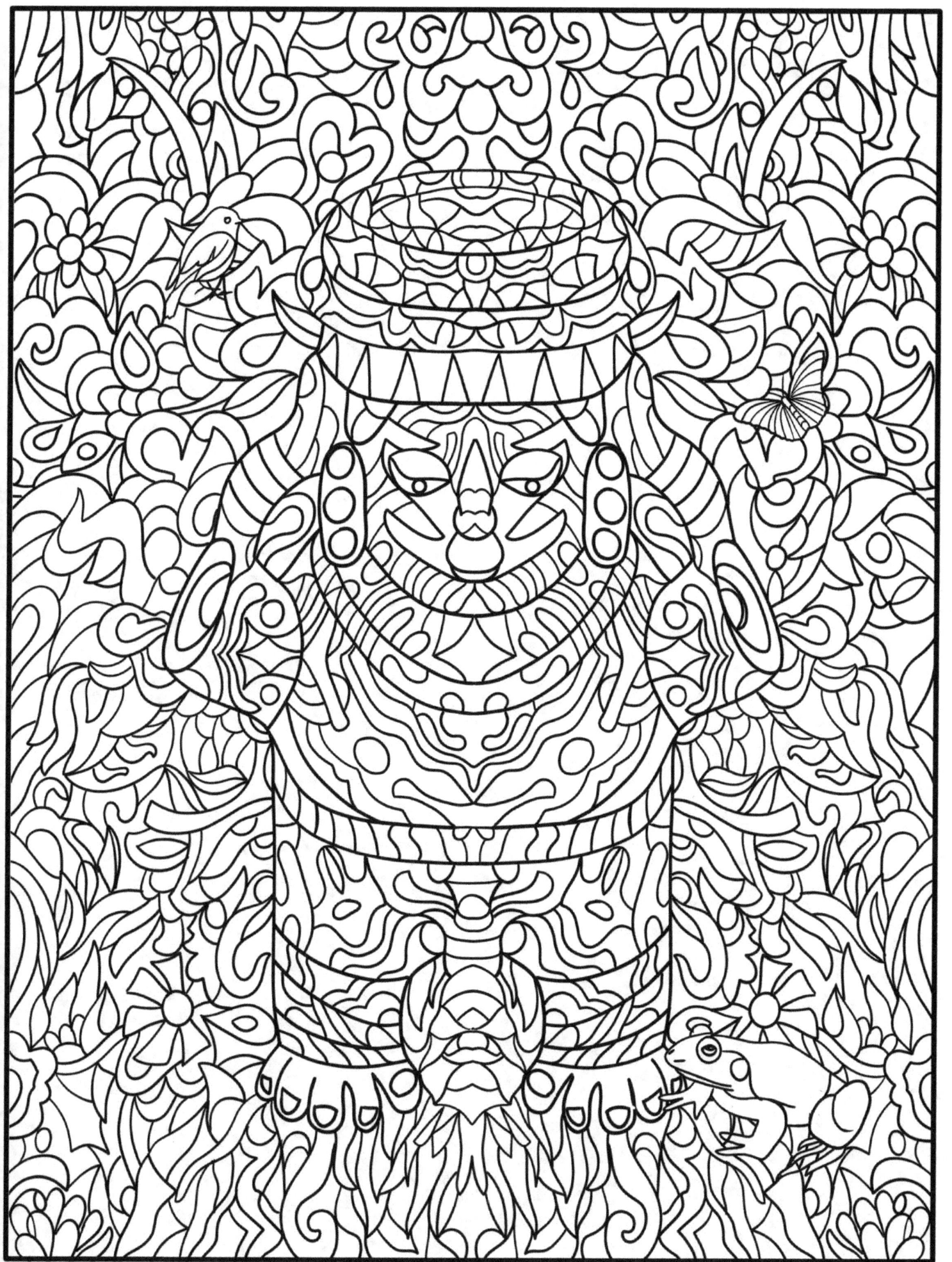

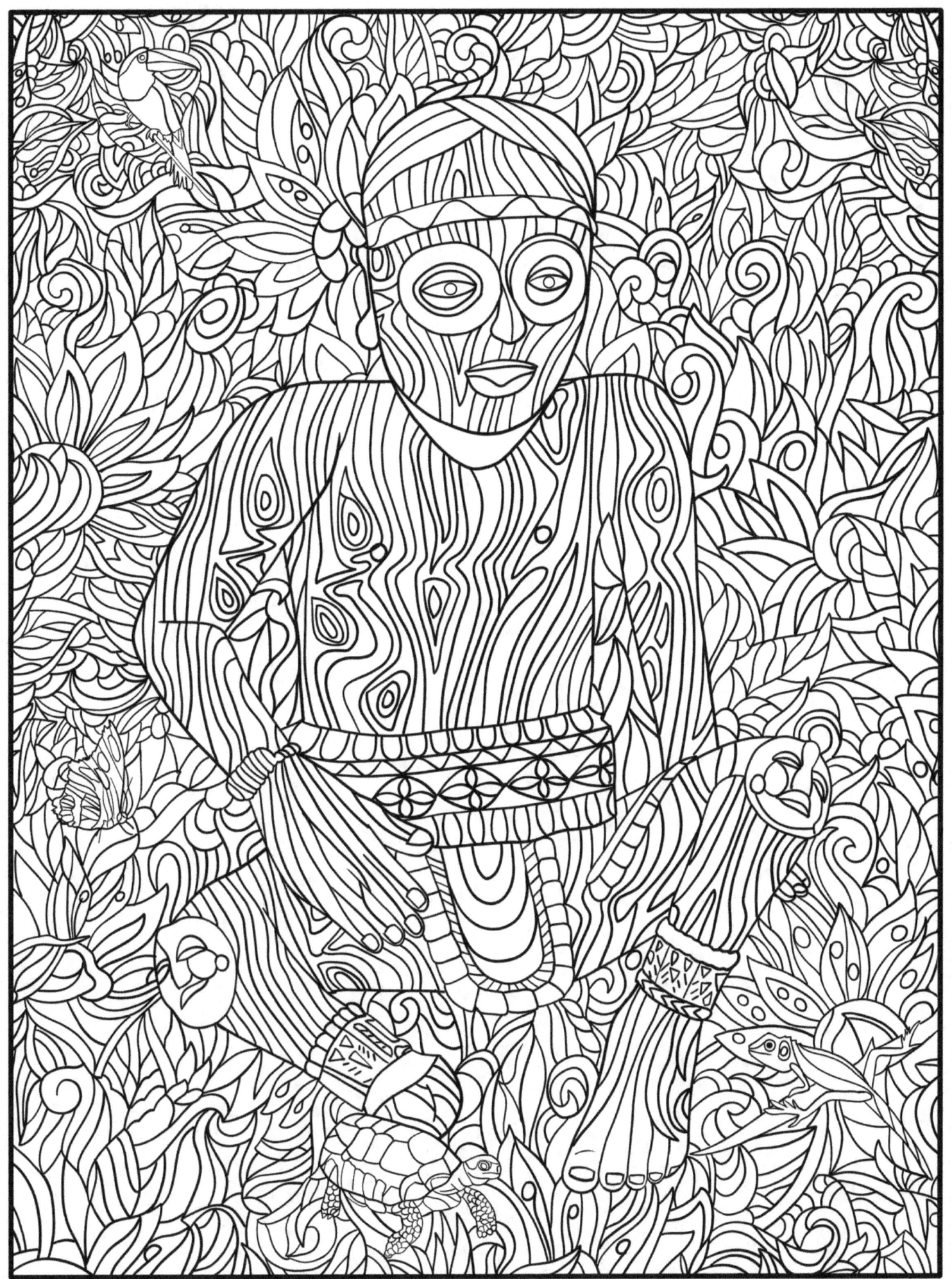

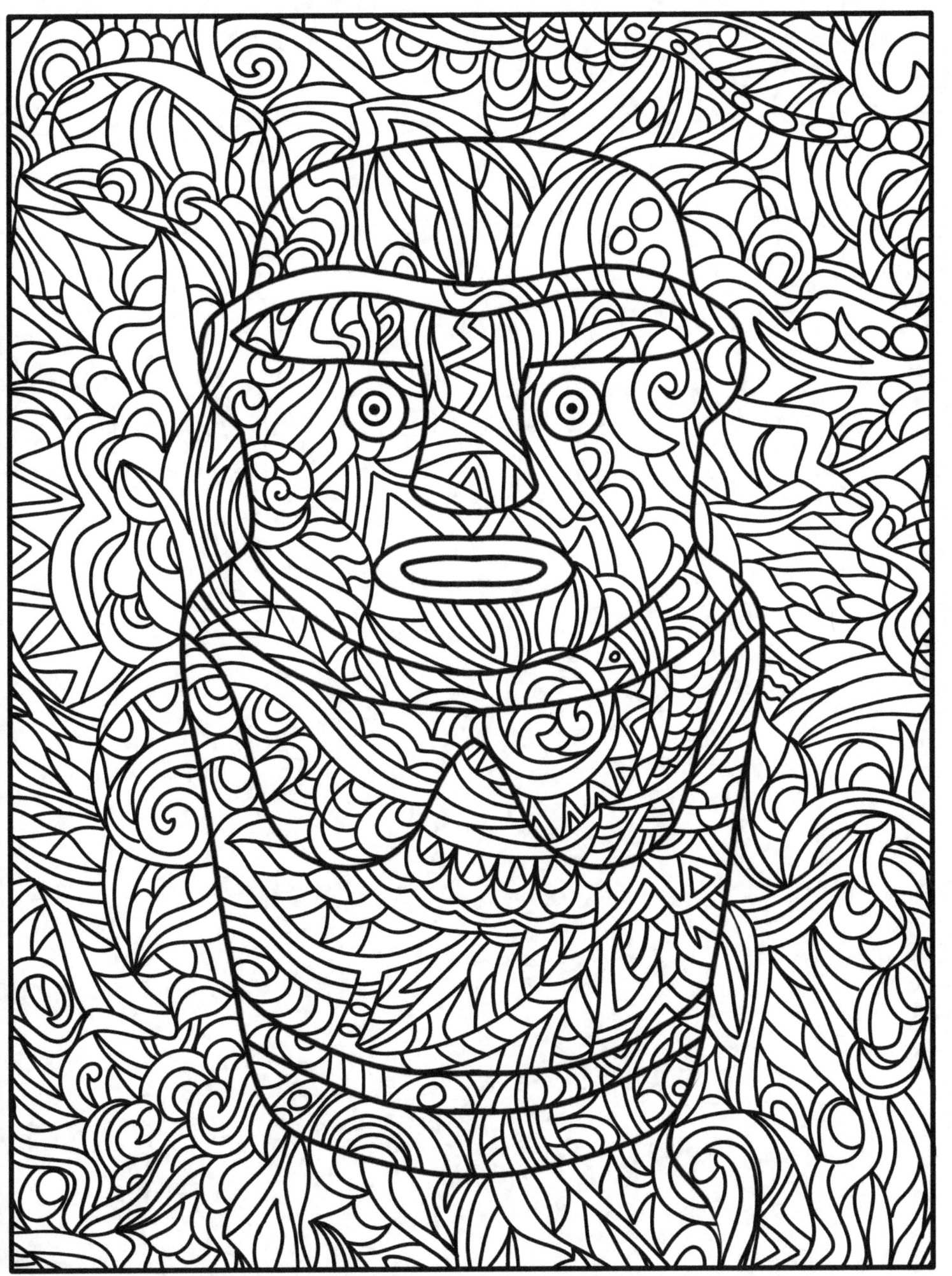

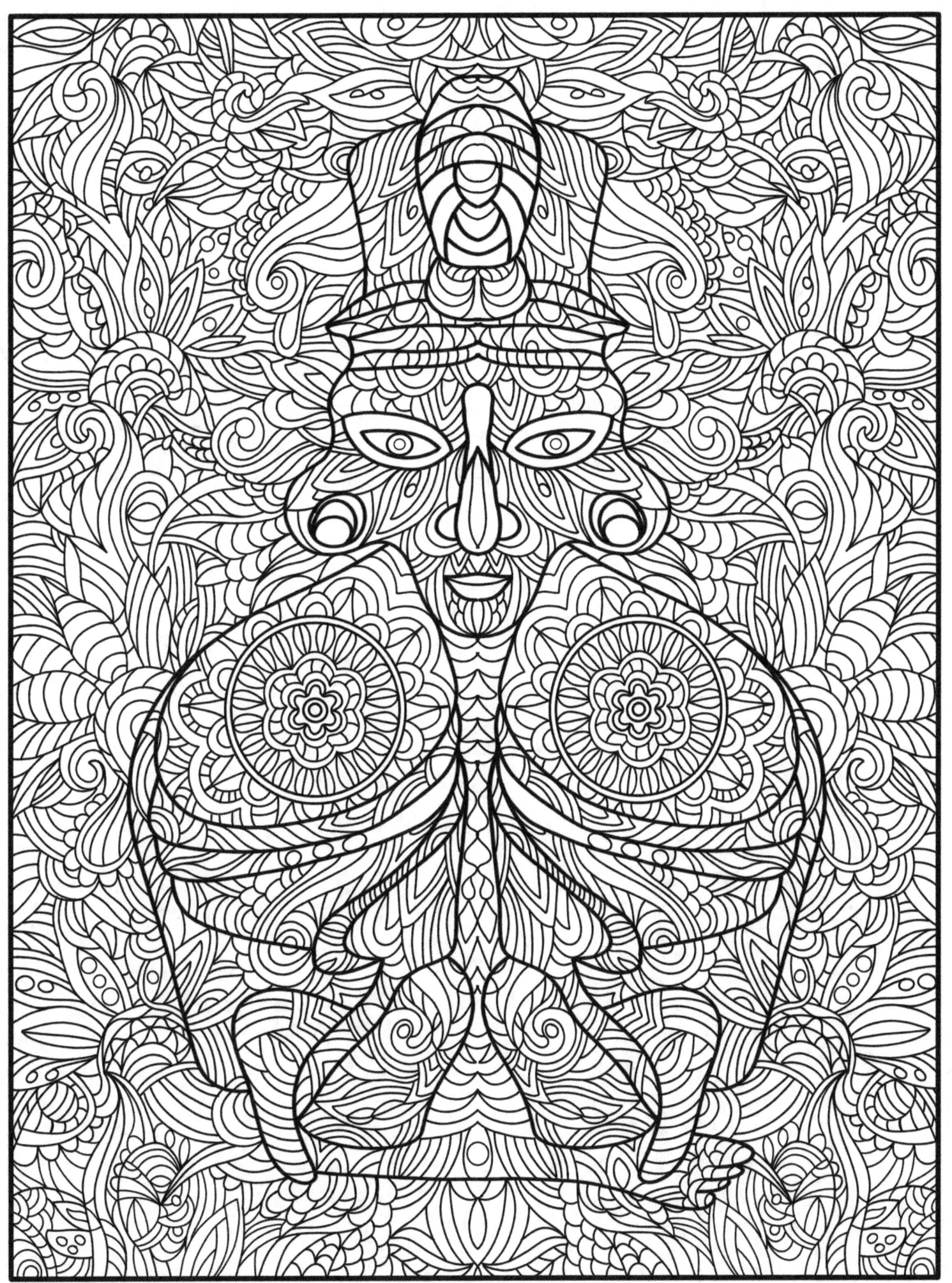

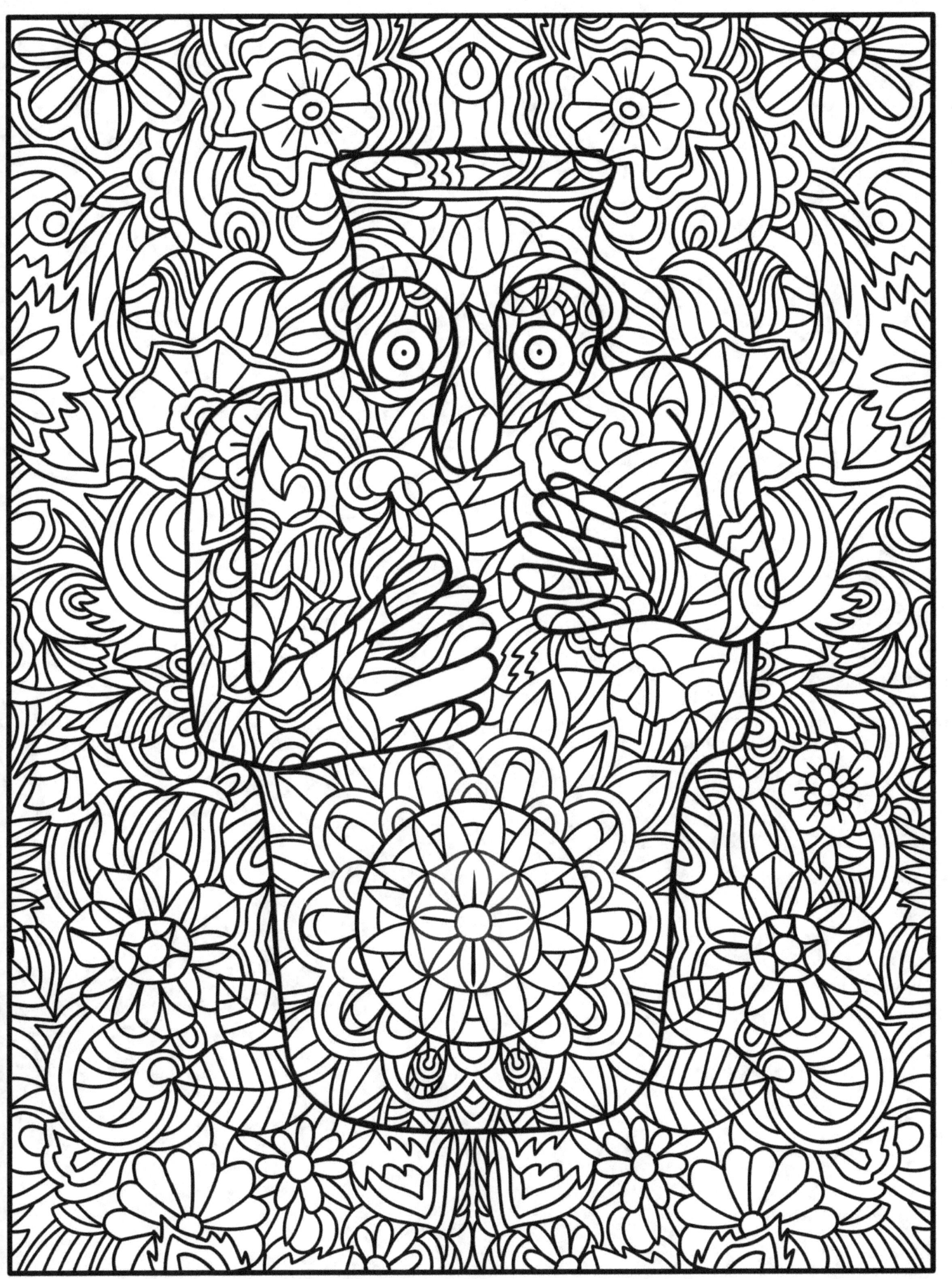

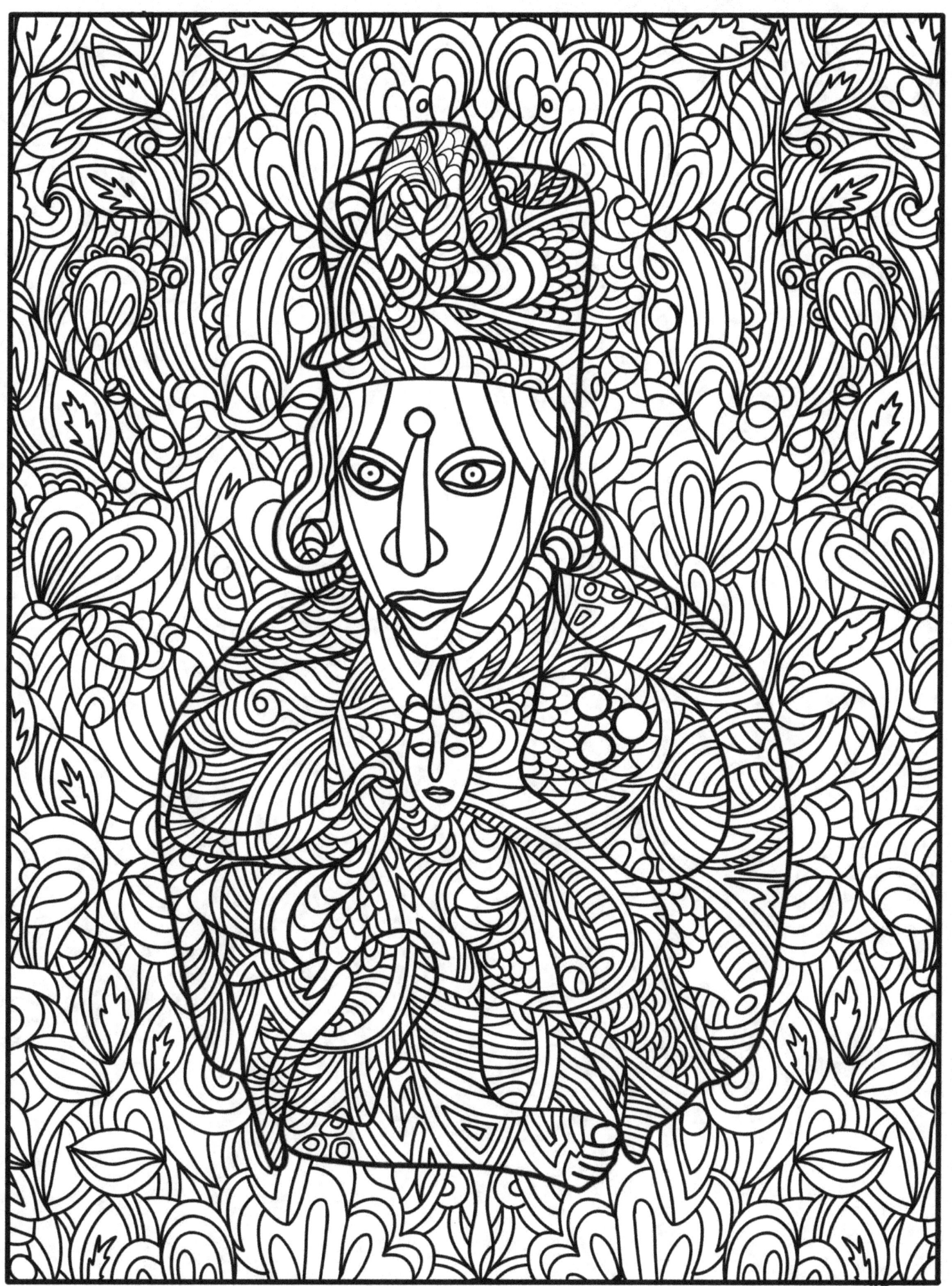

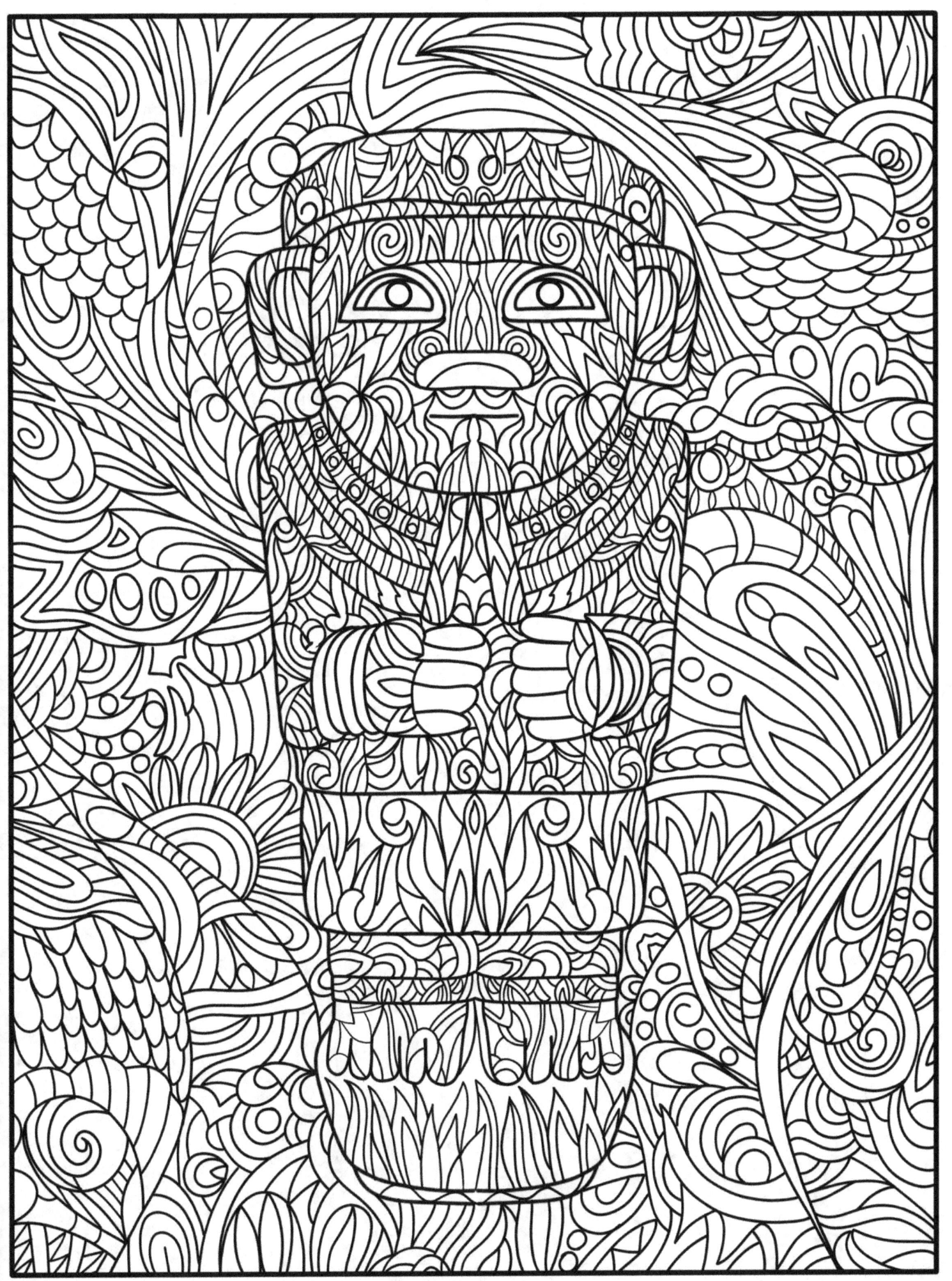

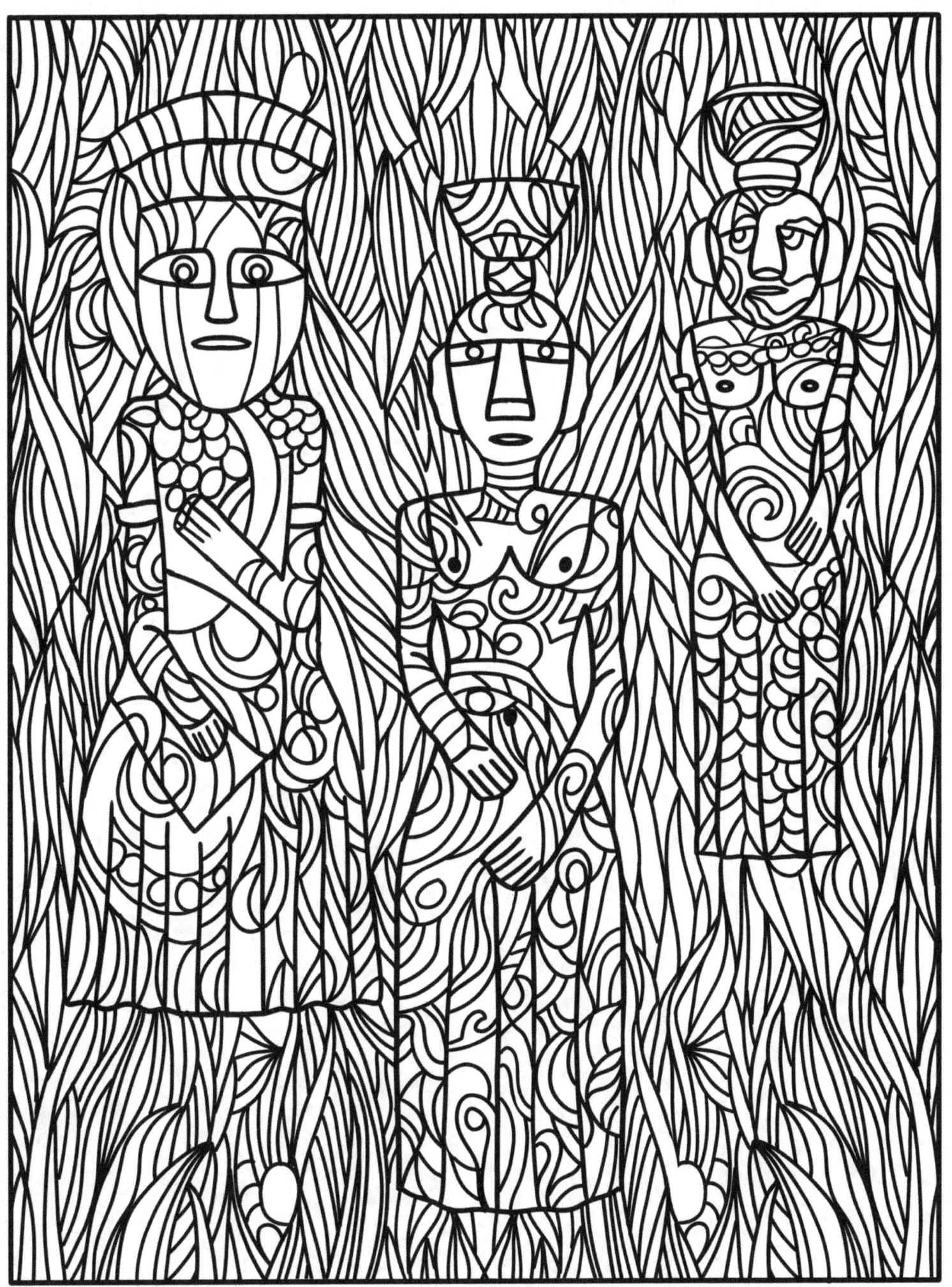

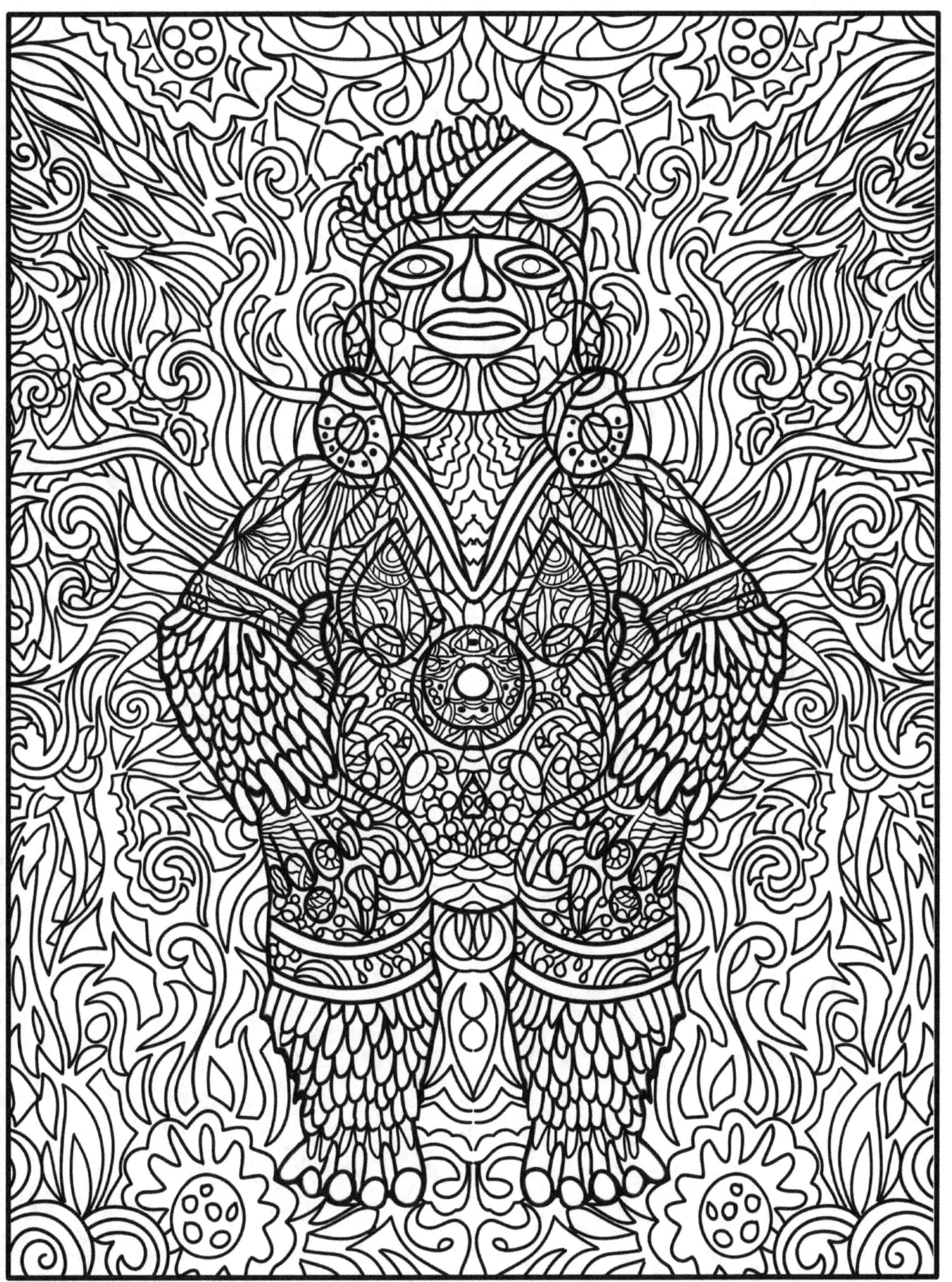

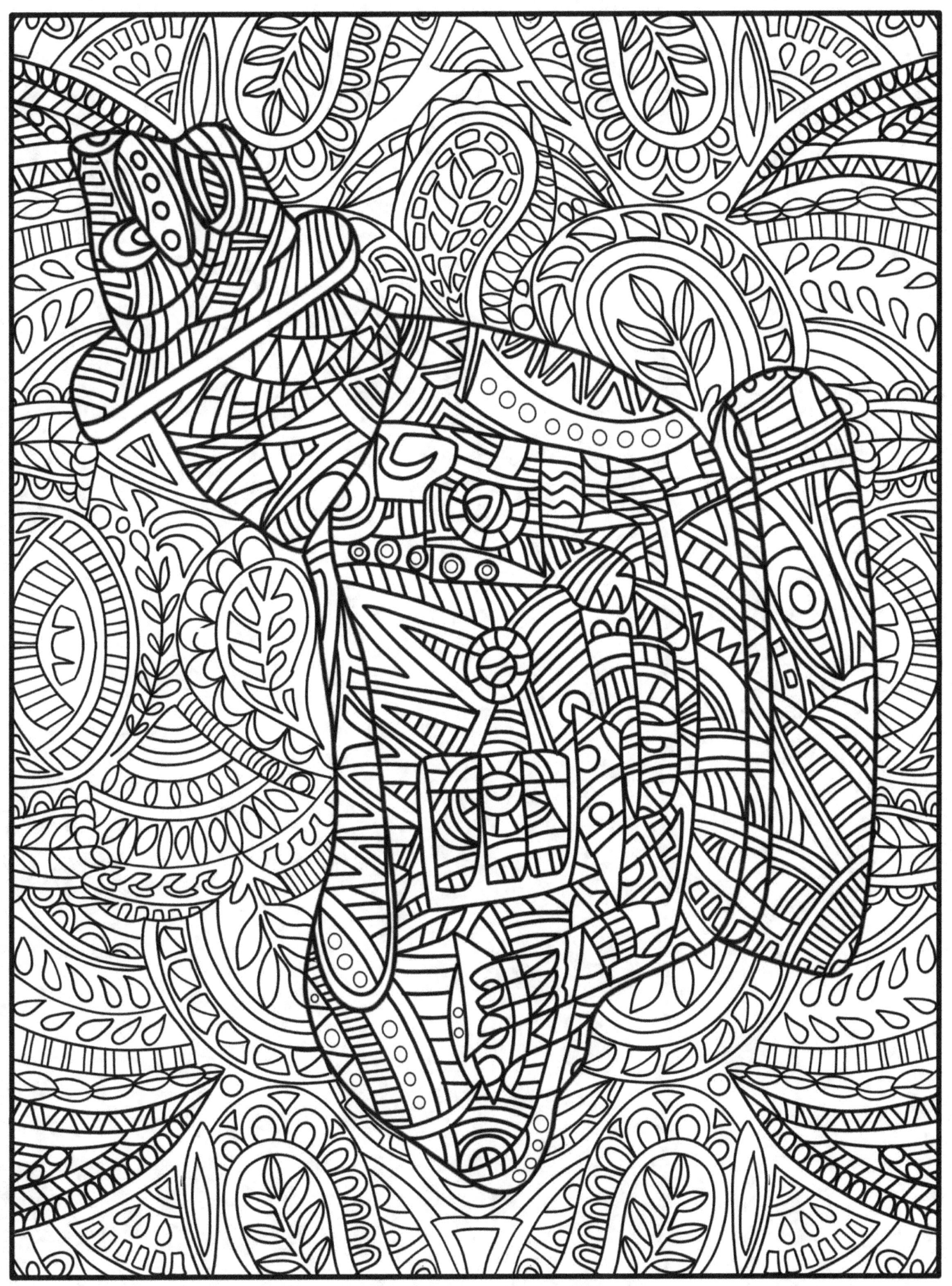

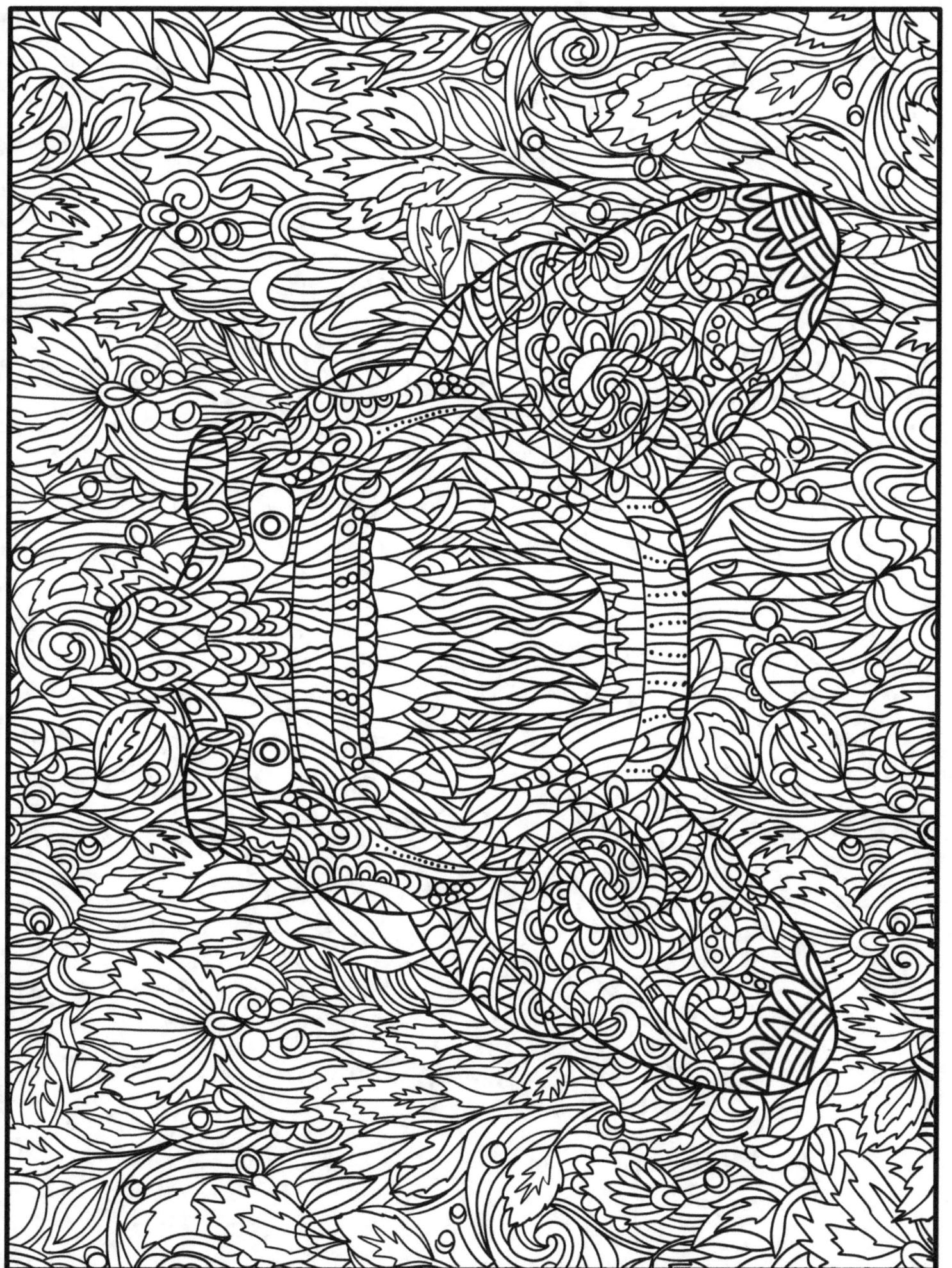

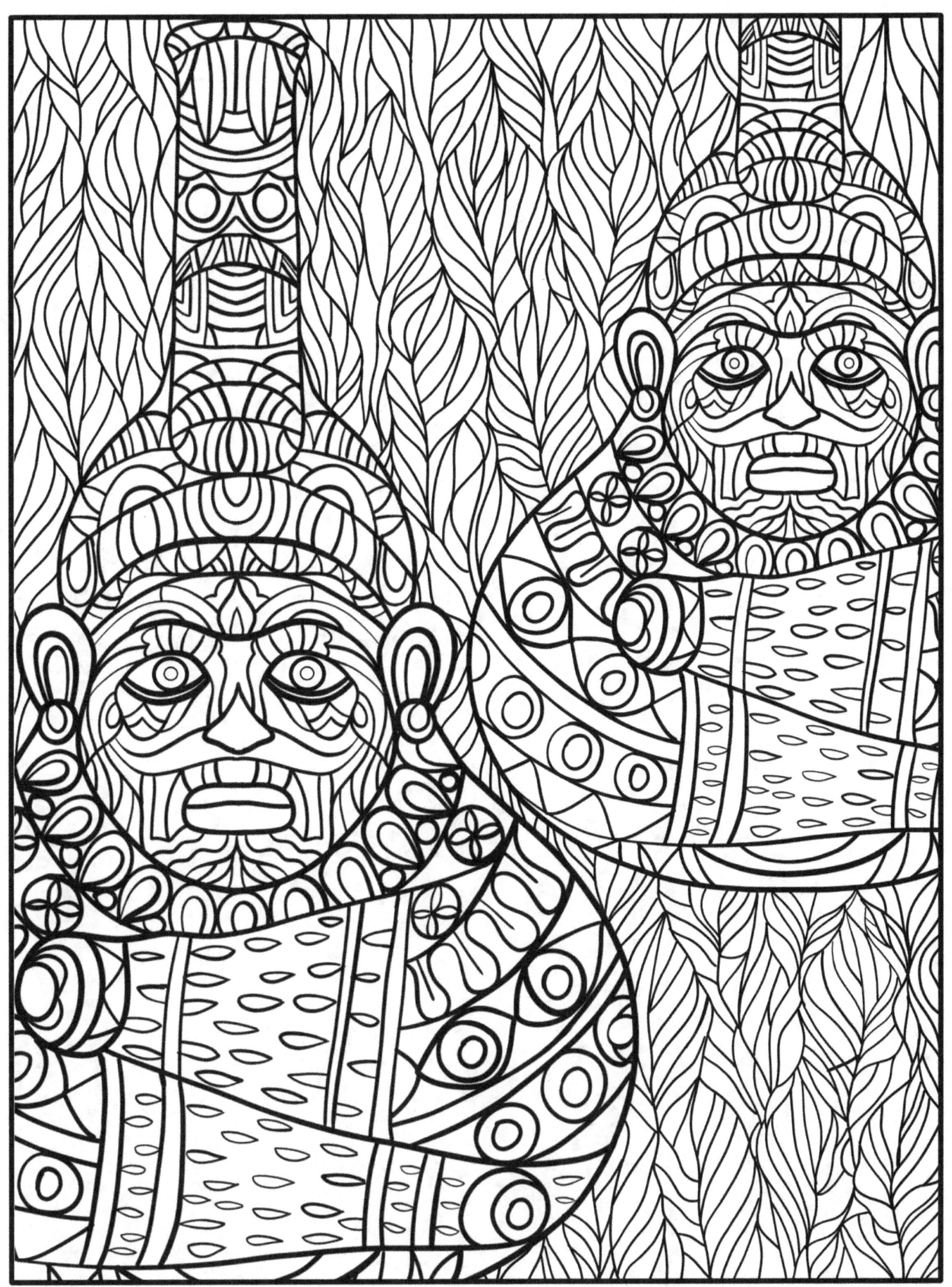

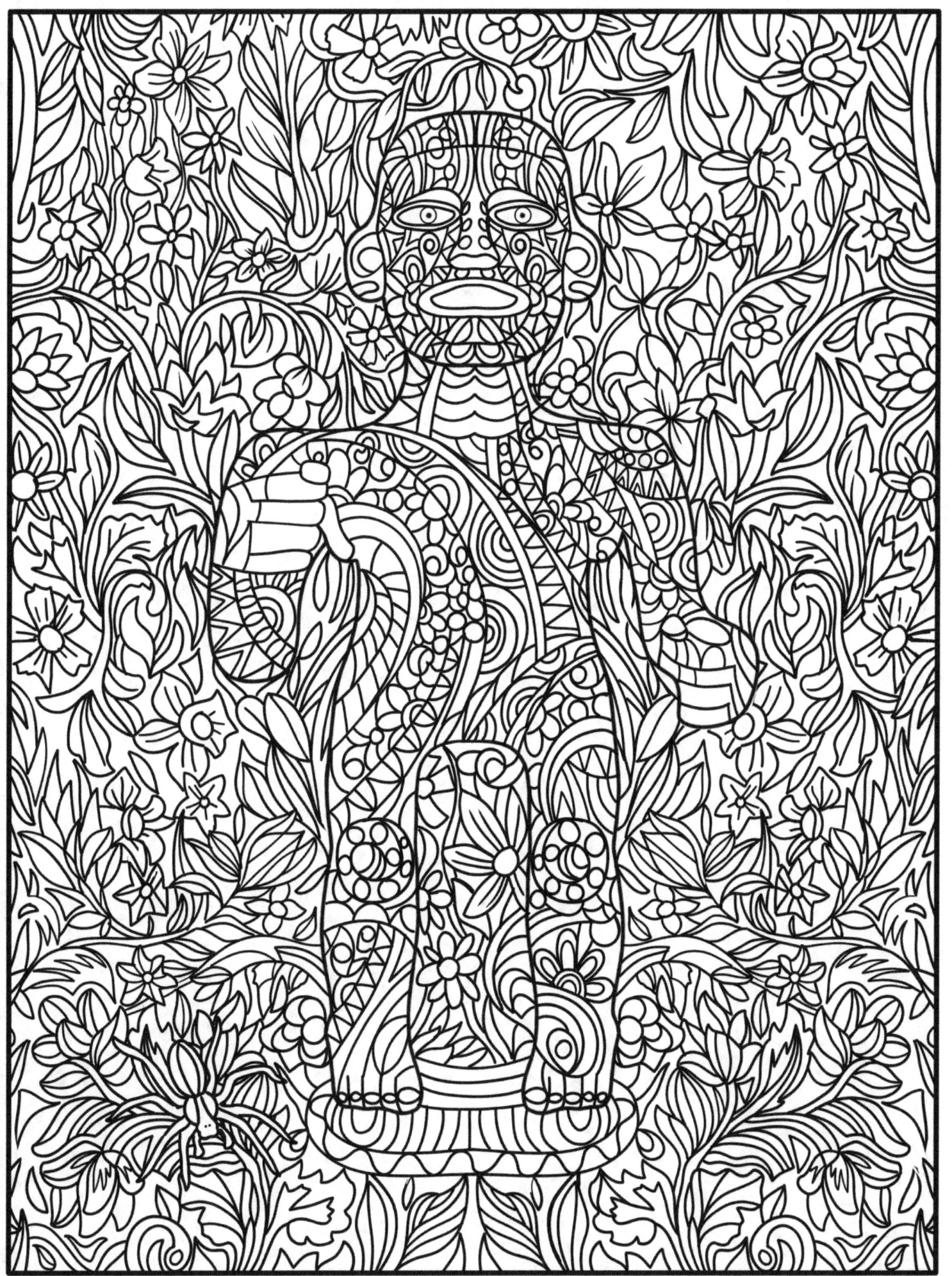

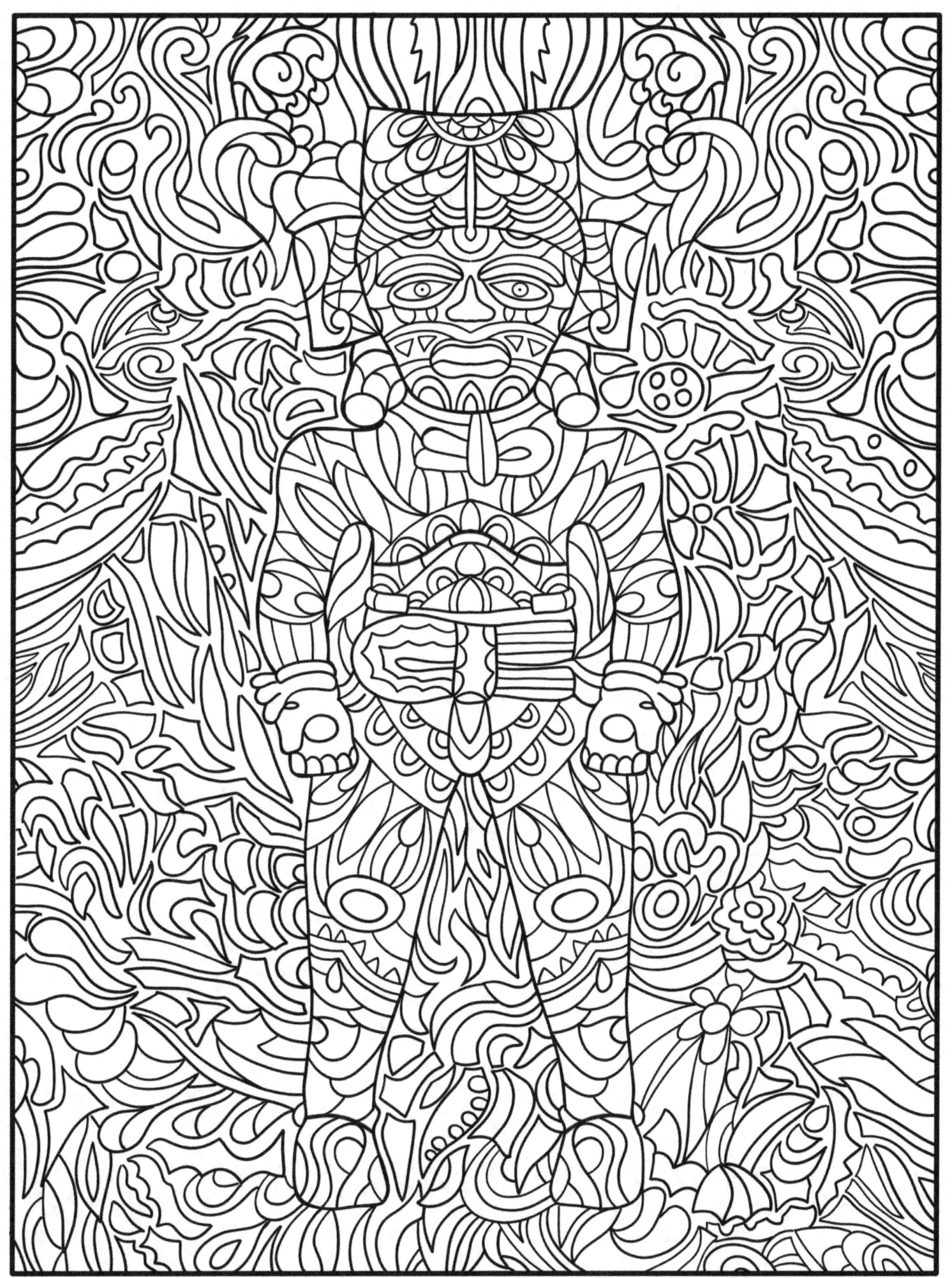

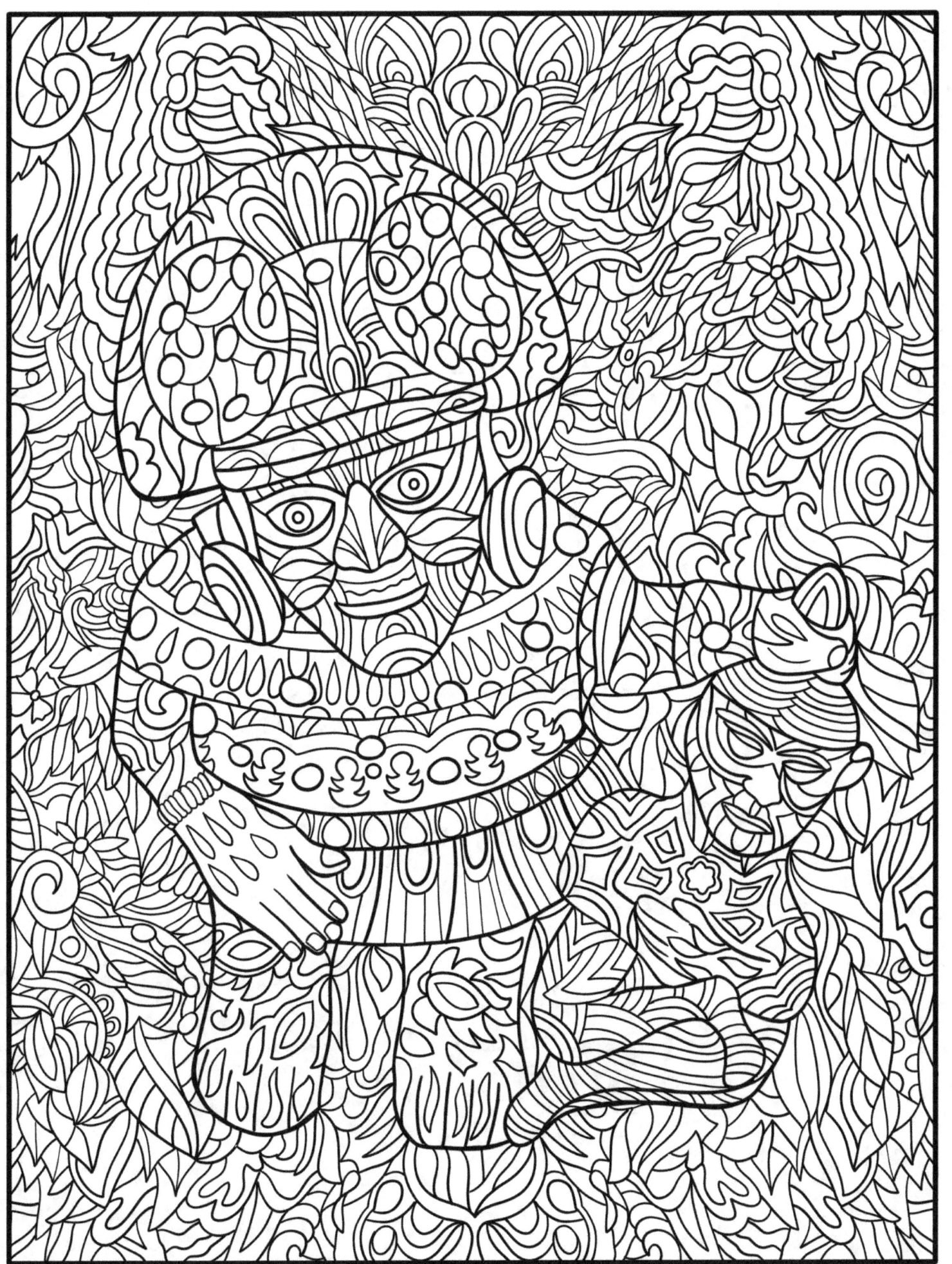

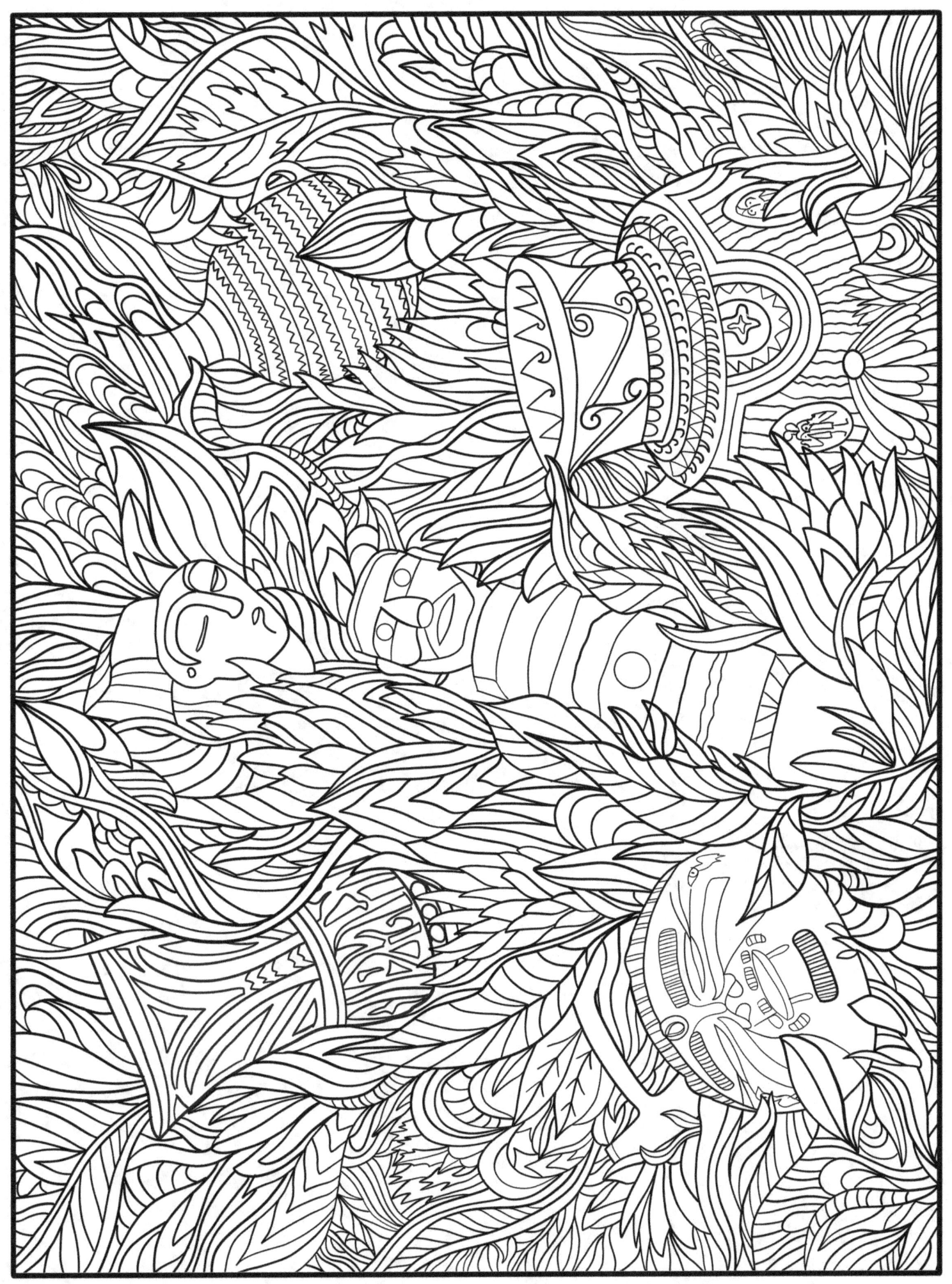

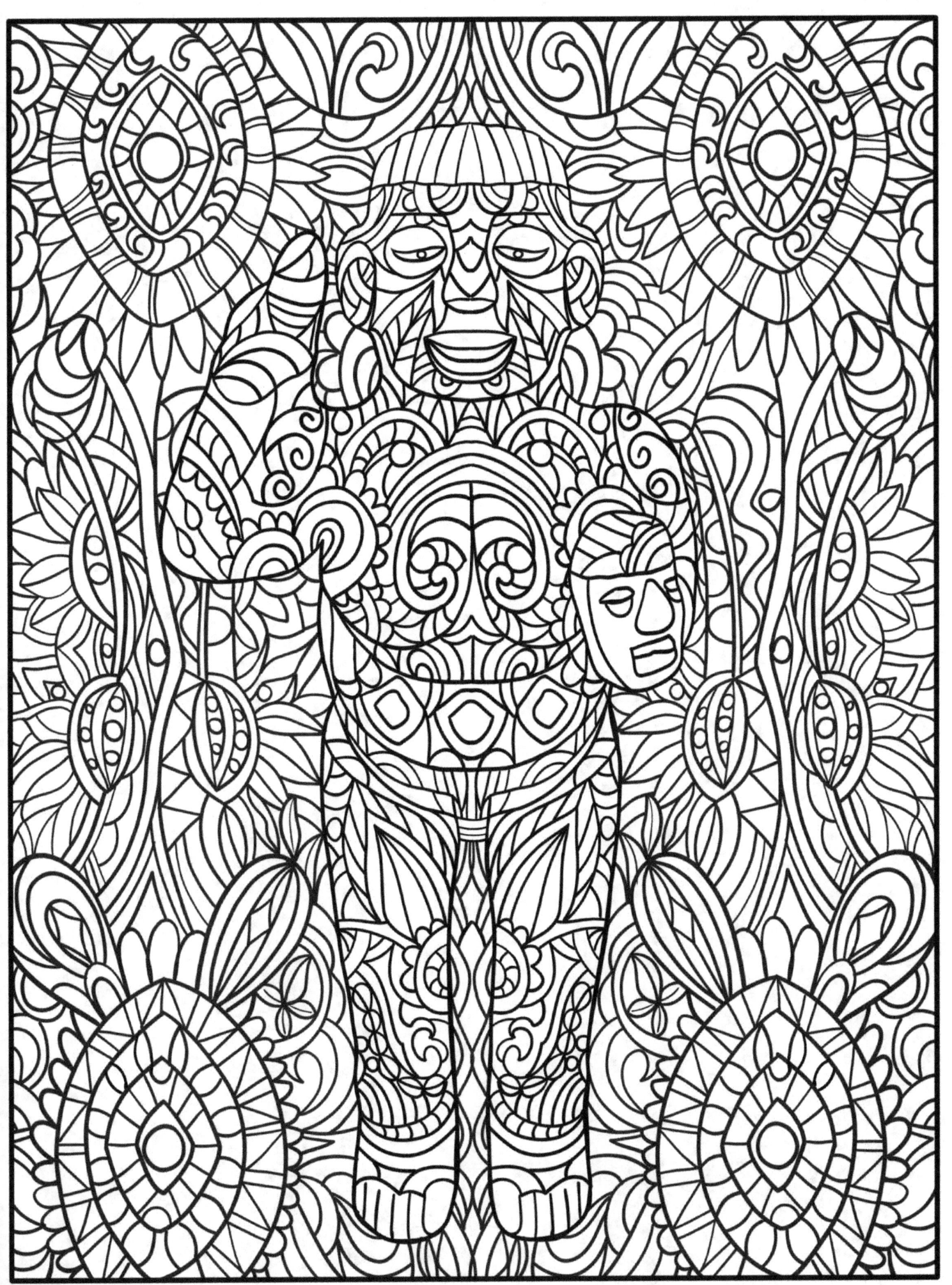

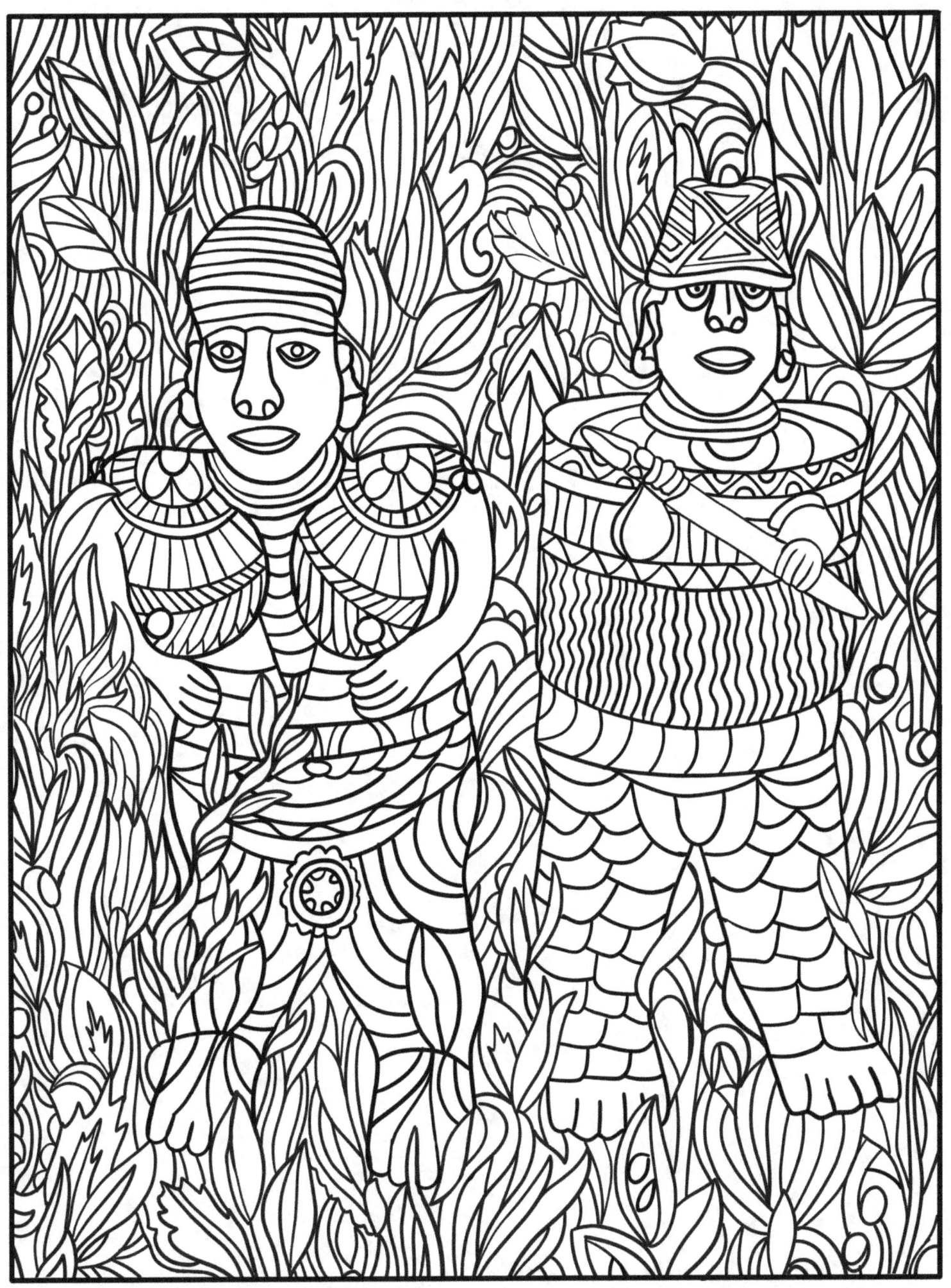

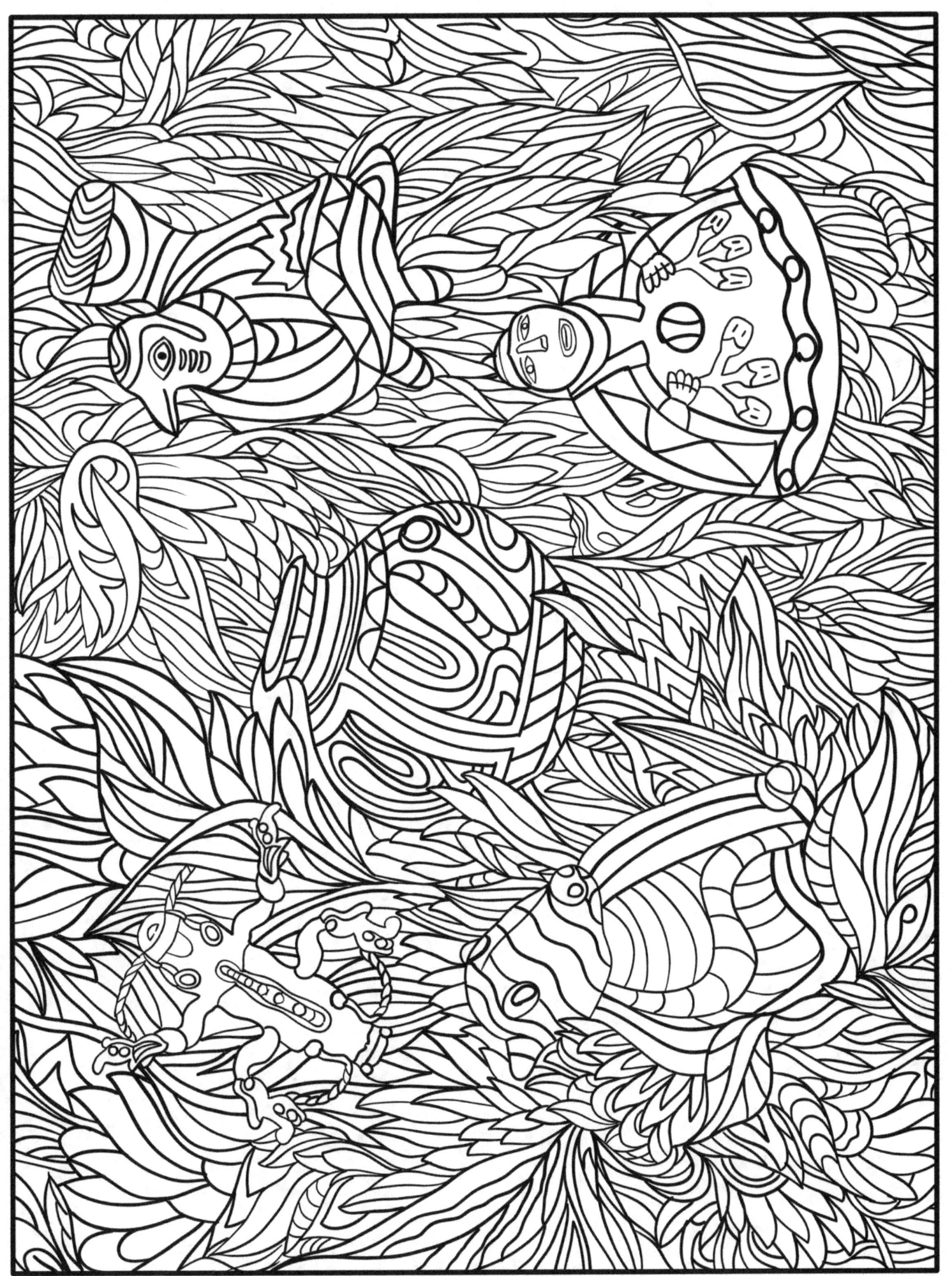

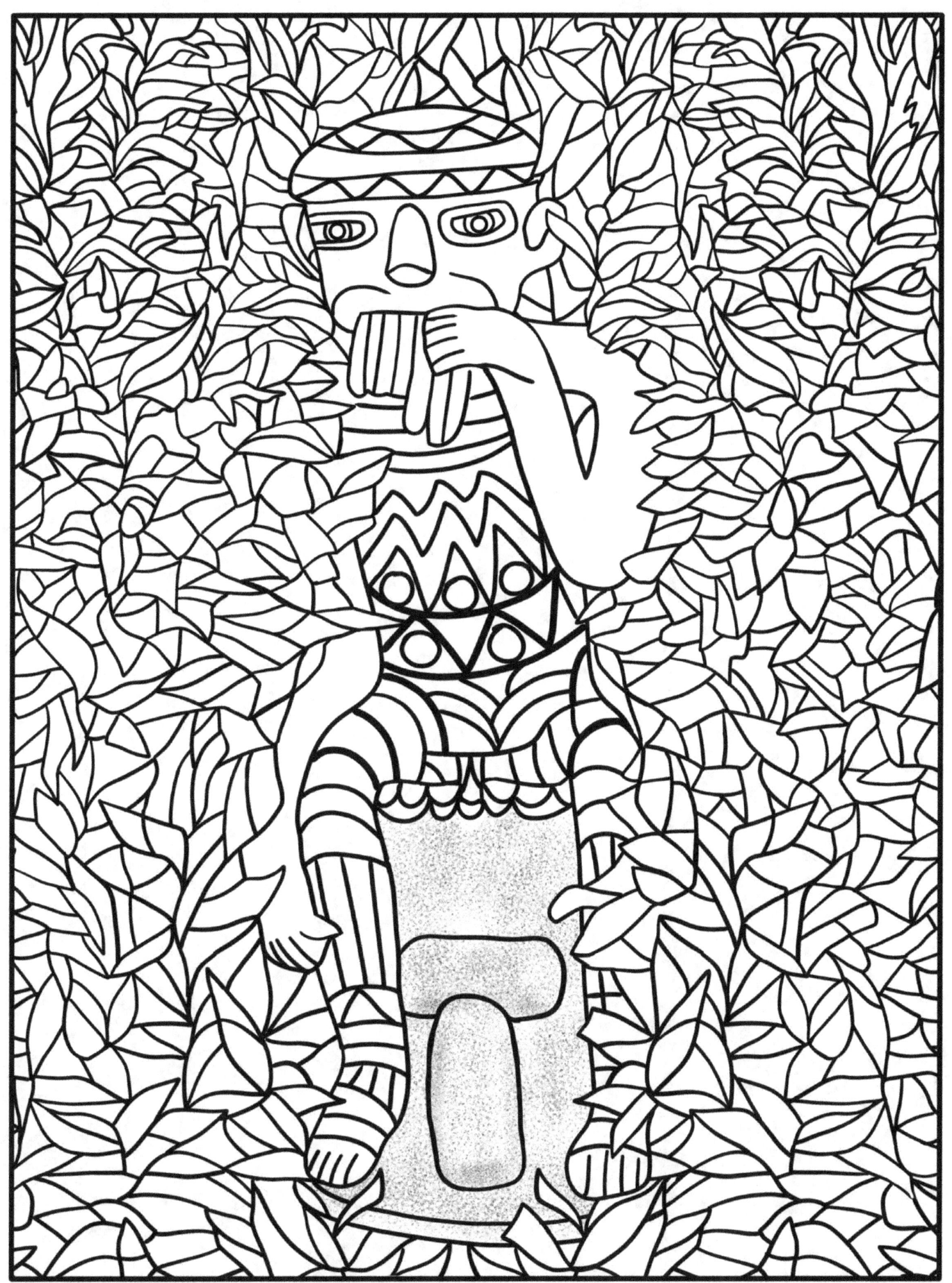

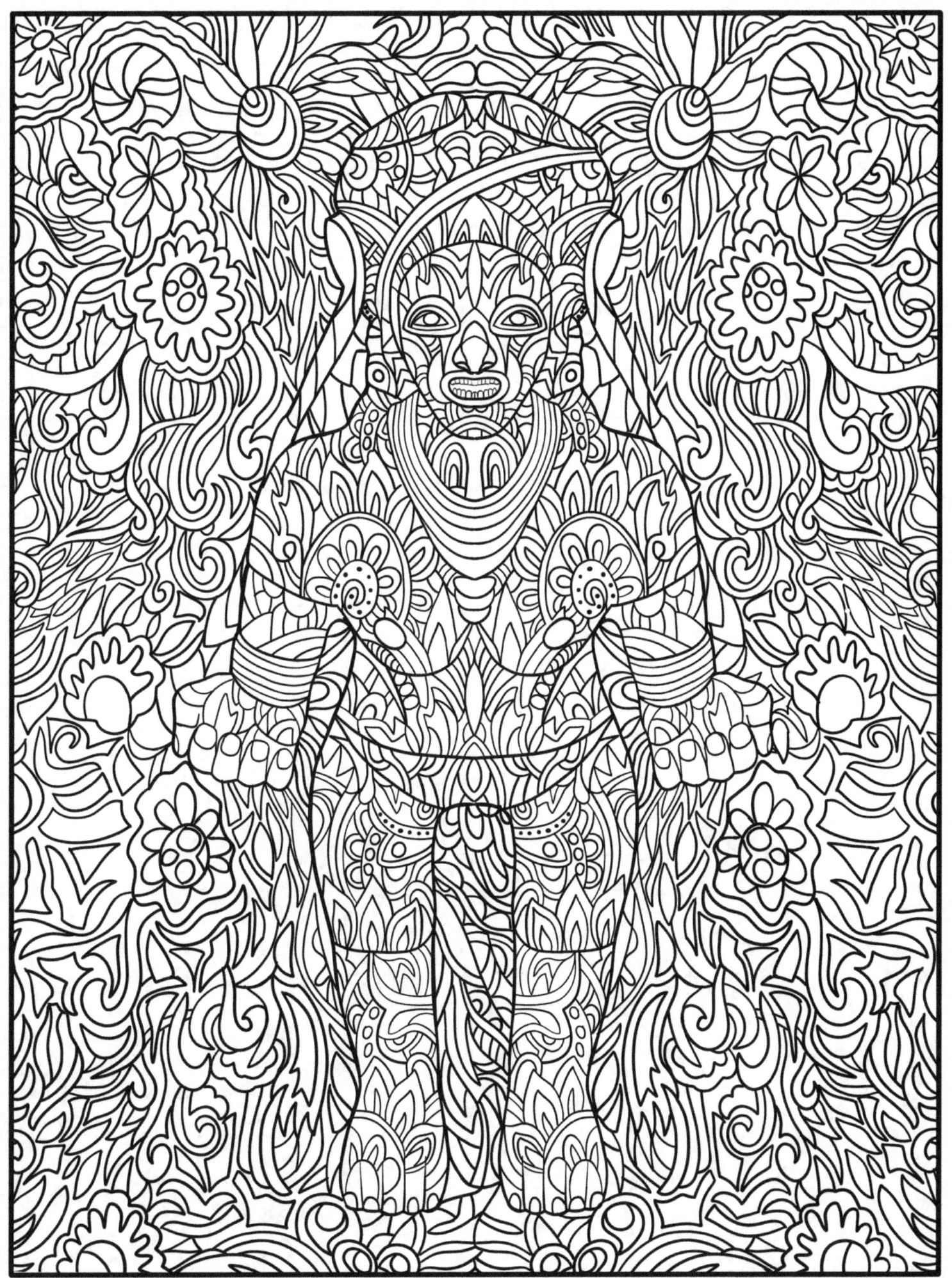

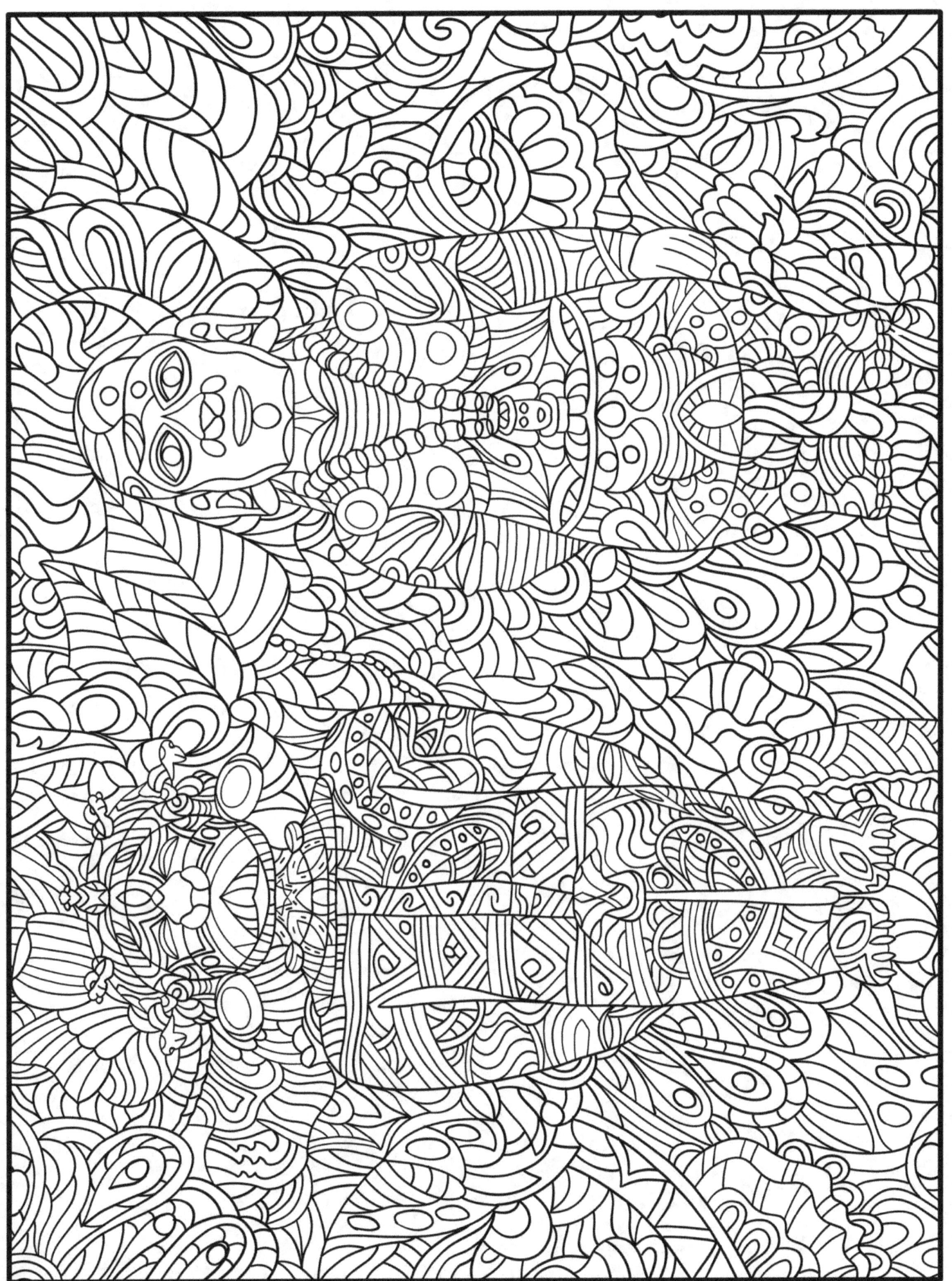

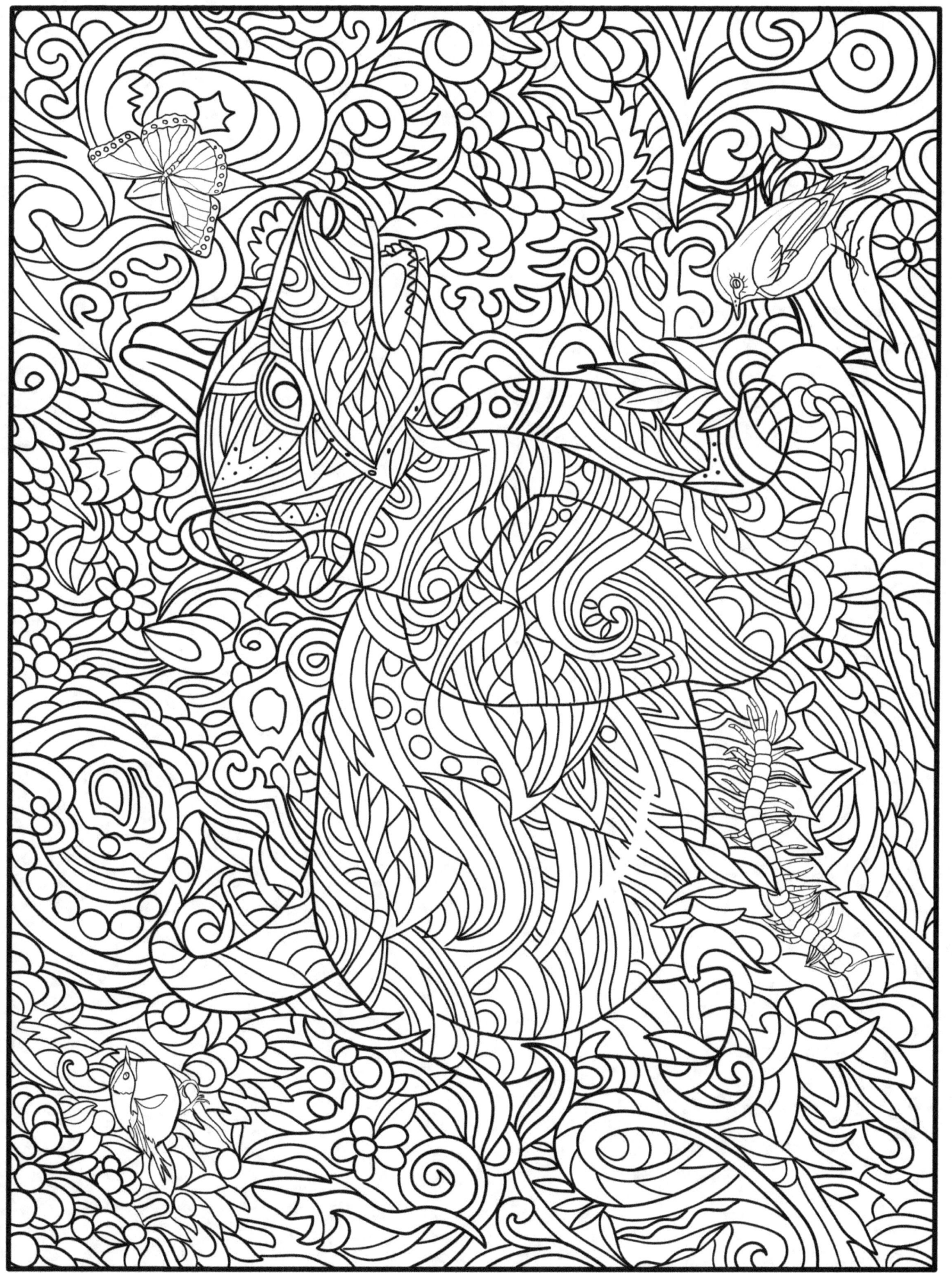

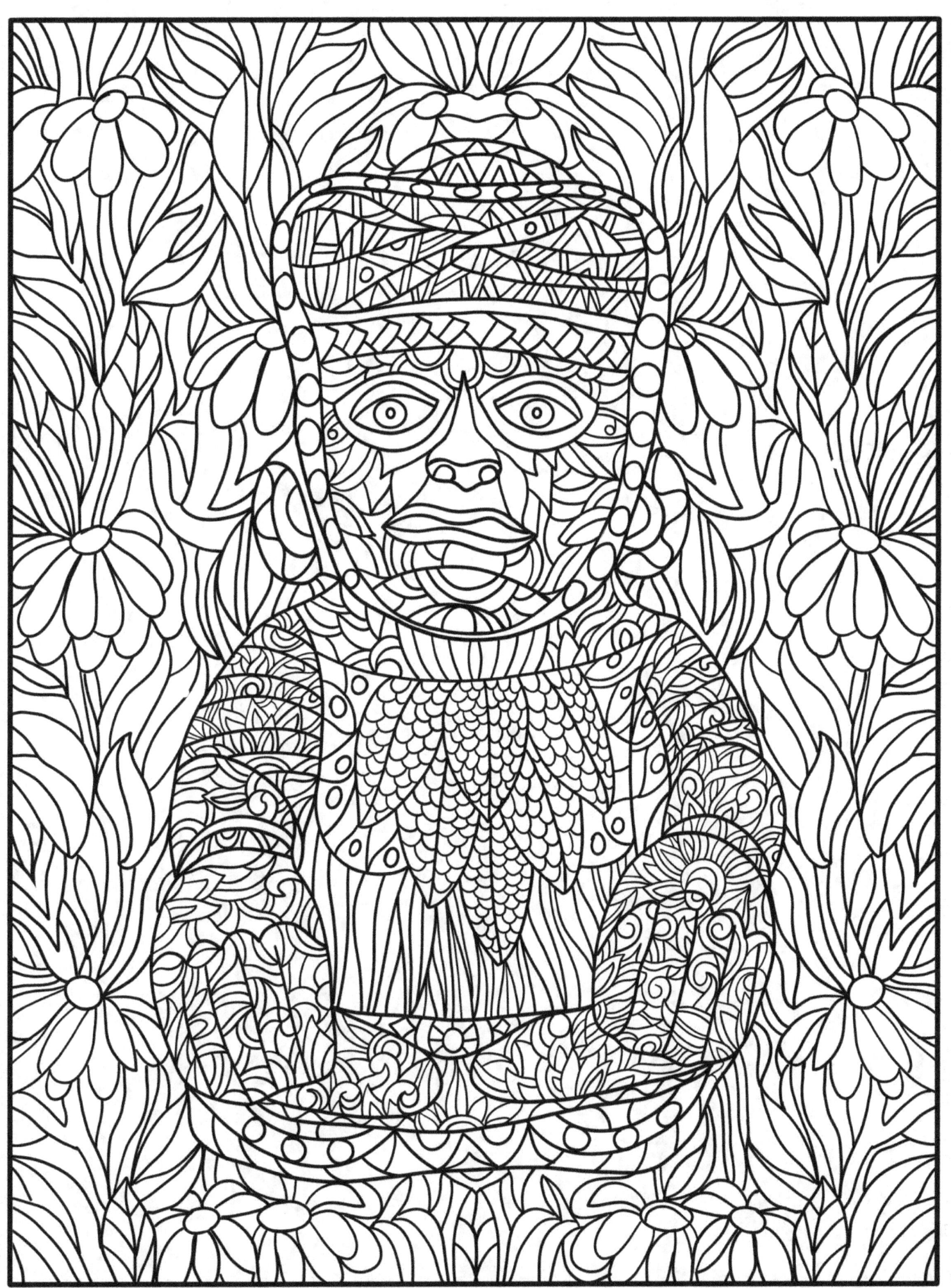

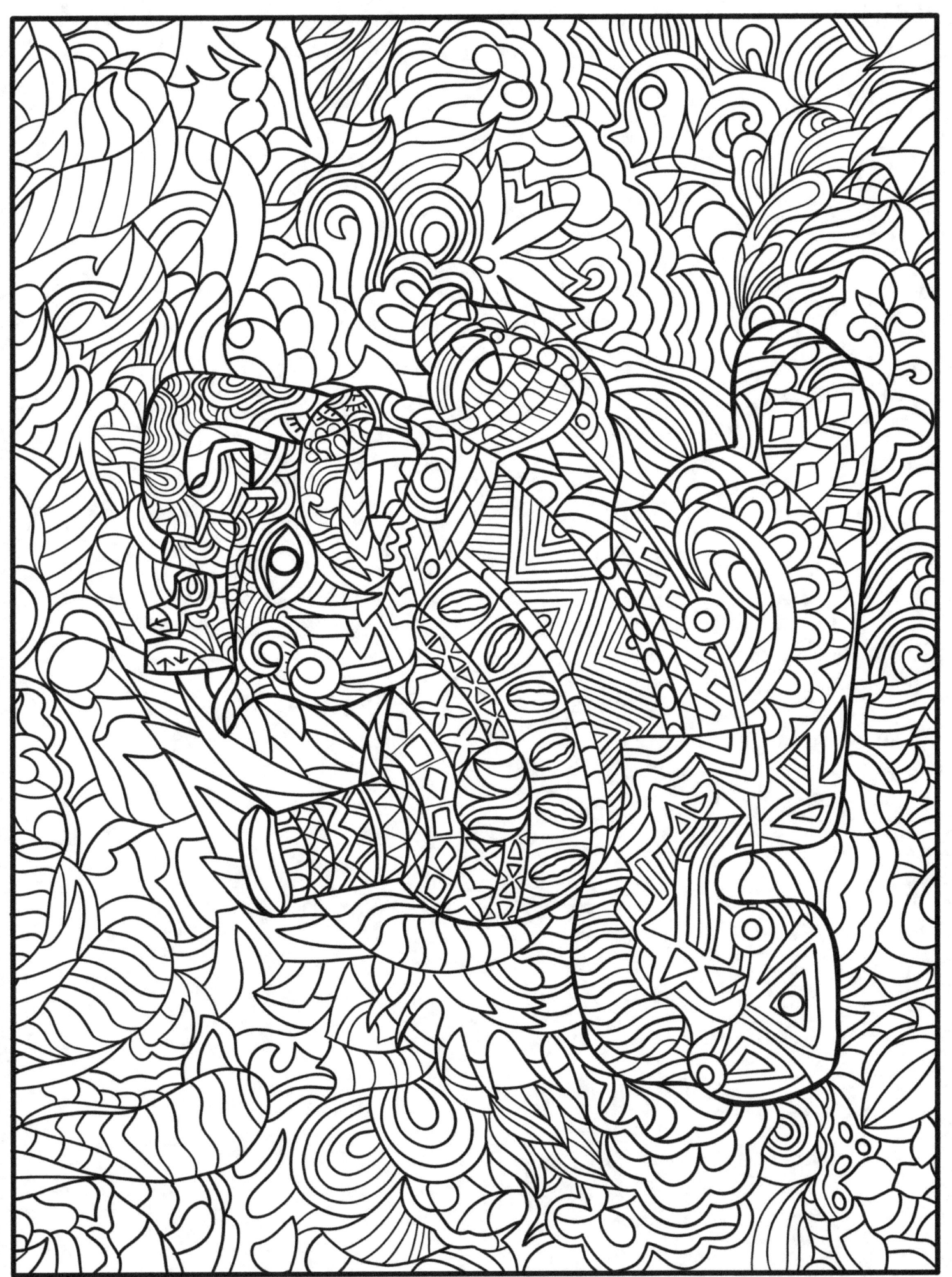

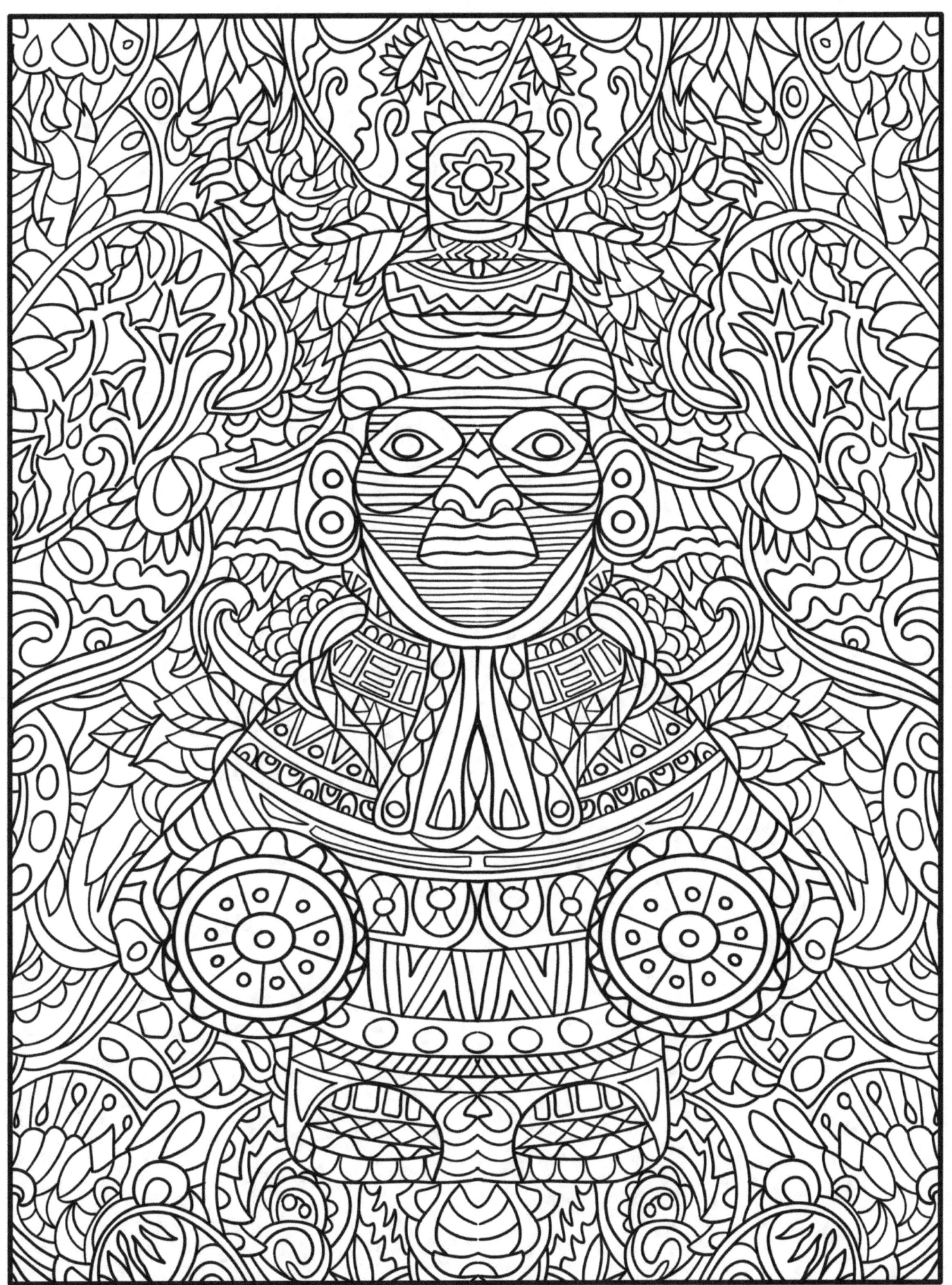

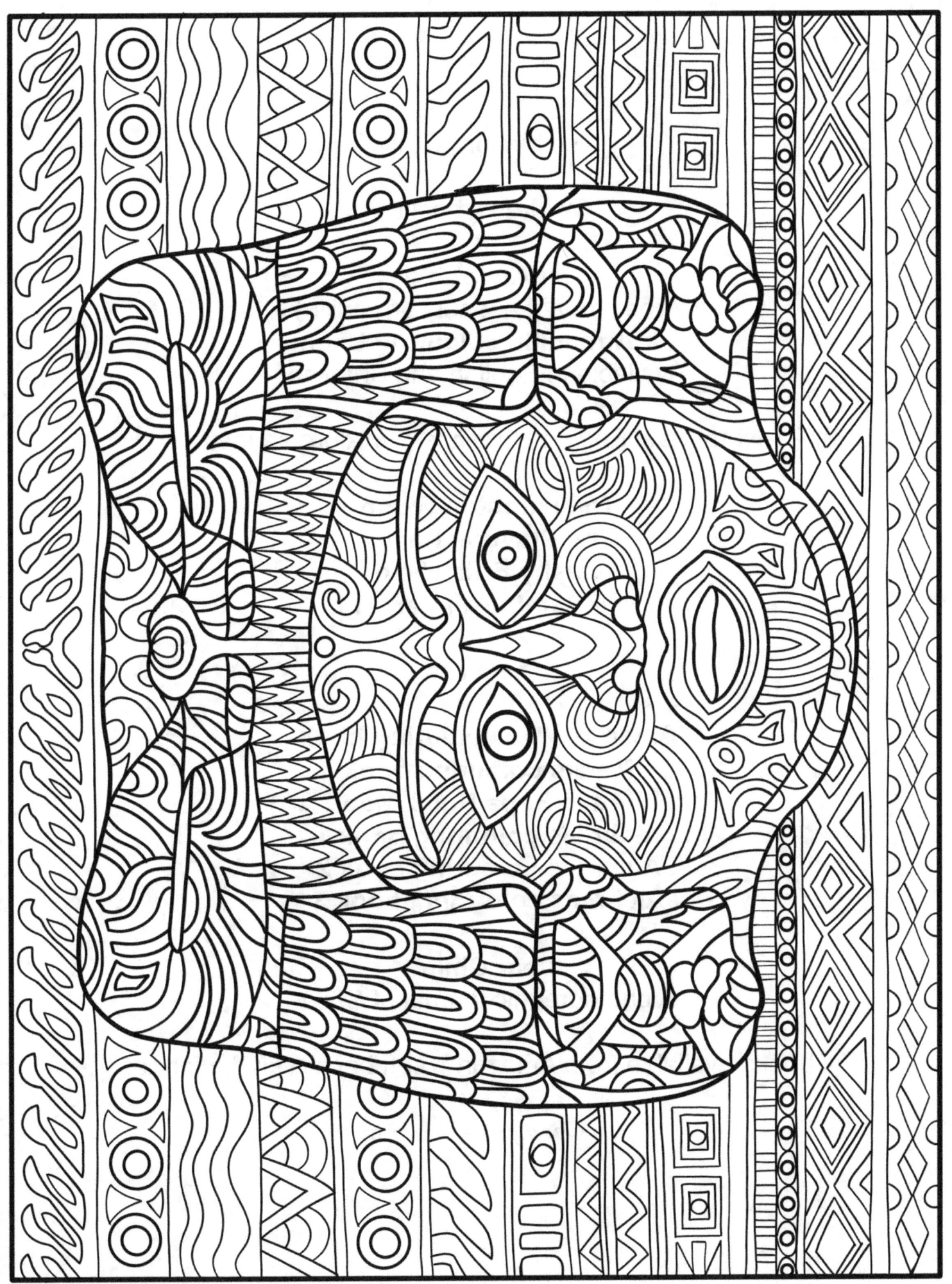

Also by Jorge Lulić

Children's books:

Mr Armadillo
(The story of a lonely armadillo)
Mr Armadillo colouring book
Available in English and Spanish

North East England legends & folklore series:

The Lambton Worm
The Blaydon Races
Cushy Butterfield
The Bamburgh Serpent

Other titles:

America Viva colouring book
Masks colouring book
(Inspired in Rapa Nui & Maori Art)
Alebrijes colouring book 1
Alebrijes colouring book 2
Alebrijes colouring book 3

Dear Chile
A photographic journal of Chile

All books available from Amazon – soft back & kindle format

www.jorgelulic.com